U0529587

国家社会科学基金
博士论文
出版项目

消费者行为视角下的渠道管理研究

Study on Supply Chains' Channel Management from the Perspective of Consumer Behavior

田 晨 著

中国社会科学出版社

图书在版编目（CIP）数据

消费者行为视角下的渠道管理研究 / 田晨著 . —北京：中国社会科学出版社，2020.9
ISBN 978-7-5203-6527-7

Ⅰ. ①消⋯ Ⅱ. ①田⋯ Ⅲ. ①消费者行为论—关系—企业管理—购销渠道—销售管理 Ⅳ. ①F713.55②F274

中国版本图书馆 CIP 数据核字（2020）第 086787 号

出 版 人	赵剑英
责任编辑	车文娇
责任校对	闫 萃
责任印制	王 超

出　　版	中国社会科学出版社
社　　址	北京鼓楼西大街甲 158 号
邮　　编	100720
网　　址	http://www.csspw.cn
发 行 部	010-84083685
门 市 部	010-84029450
经　　销	新华书店及其他书店

印　　刷	北京君升印刷有限公司
装　　订	廊坊市广阳区广增装订厂
版　　次	2020 年 9 月第 1 版
印　　次	2020 年 9 月第 1 次印刷

开　　本	710×1000　1/16
印　　张	11.25
字　　数	158 千字
定　　价	66.00 元

凡购买中国社会科学出版社图书，如有质量问题请与本社营销中心联系调换
电话：010-84083683
版权所有　侵权必究

出 版 说 明

为进一步加大对哲学社会科学领域青年人才扶持力度，促进优秀青年学者更快更好成长，国家社科基金设立博士论文出版项目，重点资助学术基础扎实、具有创新意识和发展潜力的青年学者。2019年经组织申报、专家评审、社会公示，评选出首批博士论文项目。按照"统一标识、统一封面、统一版式、统一标准"的总体要求，现予出版，以飨读者。

全国哲学社会科学工作办公室

2020年7月

摘　　要

市场中日益多样化的消费者行为将会影响供应链成员对市场需求的预测，进一步影响企业的决策和收益。首先，通过市场不确定性，从外部整体地刻画出整个市场中所有消费者的多样化行为对需求的影响。然后，具体地刻画每一个消费者的多样化购买行为，包括从时间维度研究策略型消费者的延迟购买的行为、从空间维度研究消费者在多个购买渠道之间选择和转移的行为。同时，分别从横向和纵向的角度研究供应链渠道管理。在纵向渠道管理中，通过比较集中型和分散型供应链中成员的决策和收益，揭示渠道结构纵向分散化规律。在横向渠道管理中，首先，探究企业在单一的零售渠道的基础上，引入网络直销渠道的动机；然后，进一步揭示双渠道供应链中产品差异化规律。从消费者行为出发，将市场营销理论和企业的运作管理结合起来，运用博弈论和基于多代理思想的计算实验方法，研究多个供应链成员在多周期博弈中学习和最优化决策的过程，通过分析实验结果得到有意义的管理启示。

第一章为绪论，指出本书在消费者行为多样化和供应链管理工作越来越复杂的背景下，将营销市场上的消费者行为研究和供应链运作管理中的最优决策问题相结合的研究对企业发展具有的指导意义；分别从消费者行为、供应链渠道管理和计算实验三个方面回顾了已有文献；另外，介绍了整体的研究思路，简要概括了主要研究内容和研究方法，并总结了重要创新点。

第二章考虑到现实生活中的企业决策者无法完全顾及市场上消

费者可能出现的多样化购买行为，这就为企业决策带来了很多的不确定性，因此研究了市场不确定性对消费者需求的影响。在多代理组成的供应链系统中，制造商决策网络渠道价格和批发价格，零售商同时最优化零售渠道价格和订货量，探究制造商引入网络直销渠道、构建双渠道供应链的动机。进一步，在扩展模型中考虑多条互相竞争的供应链，研究竞争环境对企业决策和收益的影响。

第三章研究了季节性产品在正价销售阶段和促销阶段的定价和订货策略。市场上的策略型消费者会根据效用最大化的原则抉择"是否"和"何时"购买产品。在策略型消费者的影响下，关注企业将供应链纵向分散化的动机。研究发现，当消费者具有强烈的延迟购买意愿时，供应链总收益降低，企业有动机将渠道结构分散化来抑制延迟购买行为，提高供应链的整体绩效。

第四章刻画了消费者在双渠道供应链中的搭便车行为。消费者在实体零售商店补充产品信息后，转移到网络渠道寻求更低的价格。制造商可以在两个渠道中提供完全相同或者具有差异性的产品。通过比较两种产品策略下供应链成员的决策和收益，揭示企业的产品差异化规律。

第五章总结了本书的研究成果和管理启示，并指明了现有的局限性和接下来的研究方向。

关键词：双渠道供应链；策略型消费者；搭便车行为；产品差异化策略；计算实验

Abstract

The complicated consumer behavior in the market will affect the supply chain members' prediction of the demand and further influence the decisions and profit of enterprises. First, using market uncertainty to depict the complicated consumer behavior from the perspective of the whole market. Then, each consumer's purchasing behavior is depicted in detail. Respectively, from the perspective of time, strategic consumers deliberately delay purchases, and from the perspective of space, consumers can choose and transfer among multiple purchasing channels. In supply chain management, enterprises from vertical and horizontal perspectives consider channel strategy. From the vertical perspective, enterprises focus on the comparison of the supply chain members' decisions and profits between a centralized structure and a decentralized one, to reveal the motivation of decentralization. From the horizontal perspective, this book firstly explores the manufacturer's motivation to introduce an online direct channel in addition to the single retail channel, and then focuses on product differentiation strategy in dual-channel supply chains. This book contributes to the study in marketing and supply chain management. Supply chain members are simulated as multiple agents in computational experiments. This book studies the process of agents' learning and decisions optimization, and analyzes the experimental results to obtain meaningful managerial implications.

Chapter 1 presents an introduction to the book. Considering the diverse consumer behavior and the increasingly complex work of supply chain management, this book combines the research on consumer behavior in marketing with the decision-making optimization in supply chain management. Those are of guiding significance to the firms' development. This book reviews the literature in three streams, consumer behavior, supply chains' channel management and computational experiments. In addition, Chapter 1 introduces the overall research ideas, briefly summarizes the main research content and research methods, and summarizes the important innovation points.

Chapter 2 considers the fact that, in real life, decision makers in enterprises are not able to follow all the unexpected situations in the consumer market, which will bring uncertainty to the decision makers. Thus, by considering the impact of market uncertainty, the research focuses on the motivation of the manufacturer to introduce the online direct channel and build the dual-channel supply chain. Further, the extended model considers competition between multiple supply chains in the market, and focuses on the effect of competition on the firms' decisions and profits.

Chapter 3 studies the pricing and ordering strategy of seasonal products in two selling periods: one full-price period and one sale period. Based on the principle of utility maximization, strategic consumers in the market will decide not only "whether" but also "when" to purchase a product. By comparing the members' decisions and profits under a centralized structure and a decentralized structure, this book explores the enterprise's motivation of decentralization in the presence of strategic consumers. The results imply that when consumers are more willing to delay purchases, the enterprise's profit decreases. Decentralization can weaken the impact of strategic consumers and improve the profit.

Chapter 4 studies consumers' free riding behavior in a dual-channel supply chain. After consuming the in-store services, experiencing the products and supplementing the non-digital product information in physical retail stores, consumers can switch to the online channel for a lower product price. The enterprise can offer the same products in the dual-channel supply chain, or differentiate the products in the two channels. By comparing the members' decisions and profits in these two strategies, this book explores the conditions where the enterprise is motivated to differentiate products in dual channels.

Chapter 5 summarizes the research results and managerial implications of this book, and points out the limitations of the research and the direction in the further work.

Keywords: Dual-Channel Supply Chain; Strategic Consumers; Free Riding Behavior; Product Differentiation Strategy; Computational Experiments

目 录

第一章　绪论 …………………………………………………（1）
 第一节　研究背景 ……………………………………………（1）
 第二节　研究意义 ……………………………………………（5）
 第三节　国内外研究现状 ……………………………………（6）
 第四节　研究思路 ……………………………………………（23）
 第五节　研究结构与主要内容 ………………………………（24）
 第六节　研究方法和技术路线 ………………………………（27）
 第七节　主要创新点 …………………………………………（29）

第二章　不确定性环境中制造商的双渠道策略 ……………（31）
 第一节　问题背景 ……………………………………………（31）
 第二节　模型框架 ……………………………………………（32）
 第三节　基本模型假设和计算实验学习规则 ………………（34）
 第四节　计算实验的实现过程 ………………………………（44）
 第五节　计算实验结果与分析 ………………………………（47）
 第六节　扩展模型：竞争市场中新进企业的双渠道策略 …（57）
 第七节　本章小结 ……………………………………………（66）

第三章　策略型消费者影响下的渠道结构管理 ……………（68）
 第一节　问题背景 ……………………………………………（68）
 第二节　模型框架 ……………………………………………（70）

第三节 计算实验学习规则 …………………………………（72）
第四节 计算实验结果与分析 ………………………………（82）
第五节 本章小结 ……………………………………………（100）

第四章 搭便车行为影响下的双渠道产品差异化策略 ………（103）
第一节 问题背景 ……………………………………………（103）
第二节 基本模型：产品横向差异化 ………………………（105）
第三节 均衡结果分析 ………………………………………（113）
第四节 扩展模型：产品同时横向和纵向差异化 …………（127）
第五节 本章小结 ……………………………………………（142）

第五章 总结和展望 ……………………………………………（144）
第一节 主要研究工作 ………………………………………（144）
第二节 后续研究展望 ………………………………………（147）

参考文献 …………………………………………………………（149）

索　引 ……………………………………………………………（161）

后　记 ……………………………………………………………（164）

Contents

Chapter 1　Introduction ································· (1)
　　Section 1　Research Background ························ (1)
　　Section 2　Research Significance ······················ (5)
　　Section 3　Literature Review ·························· (6)
　　Section 4　Research Approach ························· (23)
　　Section 5　Research Framework and Main Contents ······ (24)
　　Section 6　Research Method ··························· (27)
　　Section 7　Main Innovative Pionts ···················· (29)

Chapter 2　Manufacturer's Dual-Channel Strategy
　　　　　　under Uncertain Environment ················· (31)
　　Section 1　Research Background ······················ (31)
　　Section 2　Research Framework ······················· (32)
　　Section 3　Assumptions and Computational Experiment
　　　　　　　Rules of Basic Model ····················· (34)
　　Section 4　Computational Experiment Processes ······· (44)
　　Section 5　Computational Experiment Results and Analysis ······ (47)
　　Section 6　Extended Model: New Firm's Dual-Channel Strategy in
　　　　　　　Competitive Market ······················· (57)
　　Section 7　Conclusions ······························ (66)

Chapter 3 Channel Management Faced with Strategic Consumers ……（68）
- Section 1 Research Background ……（68）
- Section 2 Research Framework ……（70）
- Section 3 Computational Experiment Rules ……（72）
- Section 4 Computational Experiment Results and Analysis ……（82）
- Section 5 Conclusions ……（100）

Chapter 4 Dual-Channel Product Differentiation Faced with Free-Riders ……（103）
- Section 1 Research Background ……（103）
- Section 2 Basic Model: Horizontal Product Differentiation ……（105）
- Section 3 Equilibrium Result Analysis ……（113）
- Section 4 Extended Model: Horizontal and Vertical Product Differentiation ……（127）
- Section 5 Conclusions ……（142）

Chapter 5 Conclusions and Future Work ……（144）
- Section 1 Main Research Work ……（144）
- Section 2 Future Research Work ……（147）

References ……（149）

Index ……（161）

Afterword ……（164）

第一章

绪　论

第一节　研究背景

随着全球经济一体化的推进，市场竞争日益激烈，市场上消费者的购买行为越来越多样化。为了吸引消费者、增强产品竞争力，企业有时会在销售期末进行降价促销活动。虽然较低的产品价格会吸引价格敏感的消费者，从而占据一定的市场份额，但是美国联合百货公司的经理表示，正是企业的打折促销活动使消费者学会了在正价销售期间等待而后在促销期间购买产品的策略性等待行为（Liu and Van Ryzin, 2008）。如此的等待行为使市场需求难以预测，企业决策变得更加困难。统计数据表明，沃尔玛在感恩节前夕和圣诞节过后的销售量达到了全年总销售量的 20%（Liu and Van Ryzin, 2008；Rozhon, 2005）。市场需求不稳定必然会严重影响供应链成员的定价和订货策略，影响整个供应链的良好运转。

作为西班牙的第一大时尚快销品牌，Zara 通过将供应链尽可能缩短，达到对市场的快速响应。与此同时，其敏捷供应链中的限制库存能够避免策略型消费者的延迟购买行为、引导消费者在正价阶段购买产品。渠道结构策略对于企业来说至关重要，不同渠道结构下供应链成员的决策不尽相同。Zara 显然是供应链纵向集中化管理的成功典范。然而，服装产业中的大多数企业选择将产品外包给生产成本较低的地区，这无疑是将供应链分散化。那么，当消费者能够策略性地抉择购买时间时，在这复杂多变的市场需求面前，企业应该如何合理地构建供应链渠道结构，以及供应链中的各个成员应该如何在不同的渠道结构下制定价格和库存策略，显得尤为重要。

　　近年来，电子商务和网络技术飞速发展，由传统零售渠道和网络直销渠道共同组成的双渠道供应链越来越受到各大企业青睐。比如耐克、索尼、松下、雅诗兰黛等都致力于开发和大力发展网络渠道，已构建起双渠道供应链系统（Matsui，2016）。网络渠道的引入有助于企业拓展市场，吸引更多不同类型的消费者。比如，千禧一代的年轻消费者几乎是伴随着电脑和互联网的形成与发展一同成长的，普遍具有热衷网购的特征，那么，企业在开发网络渠道后，就有可能吸引到千禧一代的消费者，否则，很有可能完全失去这个消费者群体。另外，随着近年来柔性制造和快速响应等新型生产方式的发展和应用，产品的生产与市场需求逐渐趋于同步。使用网络直销渠道能够更加快速和准确地满足市场需求。因此，在供应链中占据主导地位的制造商总是倾向于引入网络渠道，以获取更大的竞争优势（Webb and Hogan，2002）。但不可忽视的是，网络渠道的出现激化了企业供应链内部的冲突。以往的制造商和零售商是供应链中的上游和下游，存在垂直竞争关系，双渠道供应链中的制造商和零售商之间又增加了渠道之间的水平竞争。

　　网络渠道具有与传统零售渠道不同的特征。具体来说，网络渠道的经营不需要承担高额的房屋租赁费用、水电费和职员培训费用等，因此，网络渠道具有更大的利润空间可以降低产品价格，以吸引消费者。引入网络渠道确实能够拓展消费市场，但是与此同时企业的供应链结构更加复杂，相关的管理工作也更加困难，网络渠道和零售渠道争夺市场份额，这样的渠道间冲突问题不容小觑。纵观供应链渠道管理的发展史，不乏有一些企业正是因为盲目引入网络渠道而蒙受巨大损失。尤其是当网络渠道和零售渠道中产品高度可替代时，跨渠道的产品蚕食问题严重损害实体零售商店的利益，间接影响制造商和供应链的整体绩效。比如，李维斯在初期引入网络渠道时，没有重视渠道之间的冲突问题，结果引发实体零售商店的集体抵制，最后不得不暂时放弃线上销售（Collett，1999），将网络渠道仅用作介绍和推广产品的途径，并为浏览网站的消费者推荐邻近的实体商店购买产品。如今，李维斯已经恢复了线上销售，并且在官方网站上提供很多属于网络专供的产品，这些款式的产品是无法在实体店中获得的。通过将线上和线下的产品进行差异化，李维斯尽可能地避免两个渠道中产品的互相蚕食问题，减少了网络渠道和零售商之间的冲突。近年来，电子商务蓬勃发展，各大企业渴望通过网络渠道进一步拓展消费者市场，获得更多收益，与此同时，双渠道供应链中相关的决策和管理问题需要众多学者和研究人员的广泛关注。

在与网络渠道的竞争中，实体零售商店充分发挥自身优势，通过提供店铺服务、专柜试用品等方式来吸引消费者，尤其是在销售体验型产品的过程中，比如香水、床垫、珠宝、彩妆、高新科技电子产品等。消费者能够在市场上直接获得的有关体验型产品的信息通常是不完整的，网络渠道中只能够提供产品的电子信息，而无法帮助消费者准确获得产品的非电子信息，诸如味道、气味、光泽、软硬度和舒适度等。另外，一些产品的非电子信息因人而异，通过其他消费者的使用反馈等口口相传的方式获知未必可靠，比如服装是否合身，唇彩的颜色是否适用于消费者的肤色等。与此不同，实体零售商店中可以提供展示品和试用品，帮助消费者通过触摸、品尝、试穿、试用等方式补充产品信息。此外，零售商店中通常配备专业的产品介绍人员和服务人员，能够为消费者提供更加丰富的产品相关信息，有助于消费者更好地了解和使用产品。

消费者的购买行为是多样化的，以最大化自身效用为原则，消费者在双渠道供应链中可以直接选择一个渠道作为购买途径，也可以跨渠道消费，即从其中一个渠道转移到另外一个渠道购买产品。

制造商可以使用柔性制造技术，而零售商店需要依赖库存量销售产品，因此，当消费者在零售商店遭遇产品缺货时，便有可能转移到网络渠道购买产品。另外，有一些消费者被称为搭便车者，他们会先到零售商店体验产品，在获得了更多的产品信息之后，转移到网络渠道，最终以较低的线上价格购买产品。如此的搭便车行为将会严重影响零售商提供店铺服务的积极性，增加服务成本而损害零售商收益，并且将会进一步加剧两个渠道之间的冲突。

Chiang 等（2003）指出，有的企业在双渠道供应链中将两个渠道中的产品定位和目标消费者群体区分开，以达到削弱渠道冲突的目的。以服装产业为例，一些企业，比如李维斯、露露柠檬、Massimo Dutti、拿美女装等，在网络渠道中提供线上专享款，用以与实体店中的产品款式区分开来，避免同款产品之间激烈的价格竞争和互相蚕食的问题。另外，阿迪达斯和耐克都在官方网站上提供了个性化定制产品的服务，以增加与线下产品的差异性。李宁在网络渠道中以折扣价销售过季的产品，同时，在实体的零售商店中以正价销售当季新品，从而做到线上线下双渠道中产品的差异化销售。然而，诸如 Zara、优衣库等品牌服装企业，在网络渠道和零售渠道中提供完全相同的产品，也成功地占据了一定的市场份额。

在其他行业中，也存在一些企业，通过将双渠道供应链中的产品差异化，以弱化渠道间冲突。比如，知名的香港珠宝公司周大福专门设计和生产一些款式简单、用料较少的产品，作为网络专供款，以较低的价格在网络渠道销售。通过这个策略，周大福成功地吸引了一些年轻的消费者，这些消费者普遍青睐网购，同时具有比较低的购买能力。另外，夏普公司在实体卖场中展示和出售新研发的产品，而在网络渠道中提供已经被市场普遍熟知的产品。同时，另有一些企业选择在两个渠道中提供完全相同的产品，比如，华为、Vivo、OPPO、联想等。这些现实中的例子激发了研究双渠道供应链中产品差异化策略的动机，双渠道中的产品应该如何定位，哪些条件的出现是采取双渠道产品差异化策略的信号，企业能否通过产品差异化策略提高企业收益，都是值得研究和讨论的问题。

总之，在经济全球化的大背景下，消费者的购买行为越来越多样化，供应链管理工作也越来越复杂，为了更好地进行供应链管理，企业需要重视对消费者行为的研究，将市场上的营销管理工作与运作管理中的企业决策研究结合起来。

第二节 研究意义

渠道管理研究是供应链管理工作中的重要内容，不同渠道结构下供应链成员的最优决策不尽相同。受到市场中消费者多样化购买行为的影响，供应链管理工作变得更加复杂。在充分考虑消费者行为的前提下，探究供应链渠道管理中有关渠道结构、产品策略、优化定价和订货策略的内容，使得本书的研究具有重要的理论价值和实践意义。

首先，企业在决策渠道结构时，需要考虑到消费者的偏好特征。比如，消费者对于网络渠道的接受程度将会大大影响企业是否构建双渠道供应链的决策。同时，消费者多样化的购买行为将会给市场带来不确定性的影响，这些不确定性无法直接通过历史数据预测得到，却将会影响市场需求和供应链成员的决策和收益。进一步，不同的市场竞争环境中，制造商的双渠道策略不尽相同。因此，在充分考虑异质消费者群体的特征偏好后，研究市场不确定性和市场竞争对双渠道策略的影响，具有一定的现实意义。

其次，在产品的销售过程中，企业有时会通过降价活动增加竞争力，尤其是在销售季节性产品时，在产品的保质期末以低价处理产品是常见的销售手段。然而，策略型消费者有可能选择不在正价阶段购买产品，而是等到产品的促销期以较低的折扣价获得产品。市场中消费者的延迟购买行为日益普遍，因此，对于策略型消费者行为的研究具有现实的指导意义。在充分考虑消费者延迟购买行为的基础上，研究企业的渠道结构策略、订货和定价策略，为企业相关的供应链管理工作提供启示，是十分有意义的。

最后，经济技术的发展大大降低了消费者在购物过程中的旅行成本和搜索成本，从而消费者转移购买渠道的成本越来越低，可以看到，双渠道供应链中转移渠道的现象普遍存在。消费者在实体零售商店享受服务后转移到网络渠道寻求较低价格的搭便车行为，增大了渠道之间的冲突；因此，供应链成员需要制定合理的产品策略来避免两个渠道之间的蚕食。通过比较双渠道中提供同质产品和具有差异性产品这两种策略下供应链成员的决策和收益，研究搭便车行为和产品策略之间的互相影响，具有重要意义。

总之，消费者复杂多样的购买行为决定了市场需求，并进一步影响了供应链成员的最优决策，同时，供应链中的渠道结构策略、定价和订货策略以及产品策略之间互相影响，并进一步影响消费者的购买决策。从消费者行为的角度出发，运用多代理思想刻画供应链中多个成员之间的博弈关系和交互作用，通过多周期计算实验对供应链系统进行抽象和仿真，构建起贴近现实情景的供应链模型，将营销市场上的消费者行为研究和供应链运作管理中的最优决策问题相结合，对企业的发展具有重要的指导意义。

第三节　国内外研究现状

本书以对消费者行为的刻画为出发点，使用博弈论和计算实验相结合的方法研究供应链中的渠道管理问题。与研究内容相关的现有文献主要包括以下三个方面：（1）消费者行为；（2）供应链渠道管理；（3）计算实验。

一　消费者行为

消费者的选择行为直接影响产品需求，进一步作用于企业收益。

同时，消费者行为受价格、库存量、现有产品和理想型产品之间的差异性等因素的影响。企业在做出决策之前，首先需要对市场中消费者的行为进行充分的研究和分析。大体上来说，现有的关于消费者行为的研究可以分为两大类：（1）从空间角度出发，研究消费者对于购物途径的抉择和在不同购物途径之间的转移行为；（2）从时间角度出发，研究消费者对于购买时间的抉择，即消费者在考虑"是否"购买的同时，还需要考虑"何时"购买的问题。

（一）不同购物渠道间的选择和转移

近年来蓬勃发展的网络渠道和传统的零售渠道具有明显差异，已有文献对两个渠道之间的差异性进行了比较，比如，Brynjolfsson 和 Smith（2000）、Carlton 和 Chevalier（2001）、Wu 等（2004）以及 Kucuk 和 Maddux（2010）。总的来说，网络渠道比零售渠道的运营成本通常低很多，因此，网络渠道能够提供不高于零售渠道的产品销售价格以吸引消费者，尤其是价格敏感的消费者。另外，有些文献考虑了消费者到实体零售商店的过程中需要花费的时间、精力和钱等旅行成本。Wu 等（2004）、Kucuk 和 Maddux（2010）、Shin（2007）、Wolfinbargerand 和 Gilly（2001）从旅行成本的角度出发，指出随着社会压力的增大，消费者的单位旅行成本日益增加；与此同时，网络技术的飞速发展使网络搜索成本越来越低。因此，网络渠道逐渐受到部分消费者的青睐，尤其是工作繁忙、行动不便或者不具备便捷交通工具的消费者。

但是，网络渠道具有不可忽视的局限性。具体来说，消费者从网络渠道中购买产品时，无法直接接触到产品，因此，消费者没有办法准确地了解到产品的非电子信息，比如味道、气味、舒适度等，并且消费者将会因此承担比从实体零售商店中购买产品时更大的退货风险。这些因素将会影响到消费者对产品的价值评价，降低消费者的购买意愿（Chiang et al.，2003；Kacen et al.，2013）。因此，消费者需要权衡网络渠道和零售渠道带来的效用，然后抉择最优的购买途径。

在经济学中，把人们从消费产品中所得到的"满足"称为效用。根据消费者理性假设，在有限的预算条件下，消费者总是力求使总的效用达到最大化，这就是消费者效用最大化原则。图1-1中展现了消费者行为的基本分析框架。根据Konus等（2008）所述，消费者在搜索和购买中所付出的成本和所获得的收益，共同决定了消费者能够从渠道中获得的效用的大小，进而决定了消费者对于购买途径和购物各阶段的选择。在双渠道供应链中，消费者以效用最大化的原则抉择从零售渠道或者网络渠道中购买产品；在季节性产品的销售过程中，消费者同样以效用最大化的原则抉择在正价阶段或者促销阶段购买产品。

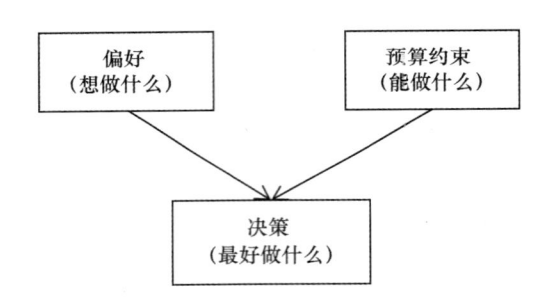

图1-1 消费者行为的基本分析框架

在双渠道供应链中，消费者能够在零售渠道和网络渠道之间转移以满足购买需求（Chiu et al.，2011）。根据现有相关文献，消费者在双渠道供应链中转移购买渠道的行为主要有以下两种：（1）在实体零售商店中享受服务、接触和体验产品，从而明确购买需求，然后转移到网络渠道以较低的网络价格购买产品（Lal and Sarvary，1999）。（2）在信息丰富的电商平台对多种品牌的同类型产品进行比较和筛选，并在浏览其他消费者的购买反馈建议之后，转移到实体商店购买并且立即获得产品（Chiu et al.，2011）。Van Baal和Dach（2005）指出，有超过20%的双渠道供应链中的消费者会采取这种转移渠道消费的搭便车行为（Free riding）。需要注意的是，消费者在零售渠道和网络渠道之间转移购买途径的行为属于搭便车行为的个例，Bernstein 等（2009）指出在一个购买途径中享受服务后转移到另一个购买途径消费的行为都属于搭便车行为，比如，两个零售商之间存在的搭便车现象。

较为早期的相关研究（Telser，1960；Mittelstaedt，1986；Singley and Williams，1995；Antia et al.，2004）主要关注于搭便车行为带给提供服务的零售商的危害。具体来说，消费者享受服务却不购买产品的行为，将会导致服务成本增加的同时，并没有增加零售商的销售收益。这将会严重影响零售商提供服务的动力，并且会加剧供应链成员之间的冲突。滕文波和庄贵军（2015）指出，为了避免其他零售商搭便车，原本提供服务的零售商将会选择不再提供服务，从而有更大的利润空间降低产品价格，以吸引那些已经在其他零售商处享受过服务的消费者，即零售商将会选择从服务的提供者变成搭便车者。但是，如此循环下去将会最终导致所有的零售商都不再提供服务。从长远来看，这种情景无疑将会损害制造商和零售商的收益，出现制造商希望零售商提供服务而零售商不愿意提供服务的窘境。Chiu 等（2011）从电商的利益出发，通过实证分析，研究了消费者在网络渠道搜索产品信息后转移到实体店购买产品的行为带给电商的危害。Pu 等（2017）的研究结果表明，在确定性需求的市场中，实体店提供服务的努力程度和双渠道供应链收益都随着搭便车者数量的增加而降低。

近年来有另外一些研究成果，证明搭便车现象并不总是有害于企业的，相反，在一些情况下，消费者的搭便车行为将会给企业带来更高收益。Shankar 和 Winer（2005）指出，通过三种不同渠道购买产品的消费者的年消费额是只通过一种渠道购买产品的消费者的年消费额的四倍以上。Pentina 等（2009）同样表示，同时拥有多种购买渠道时，消费者将会在多个渠道之间进行比较和转移，以更好地满足需求，这样能够为企业提供更多的销售机会。Shin（2007）考虑了两个竞争的零售商，其中的一个零售商提供服务，通过研究证明，消费者的搭便车行为弱化了零售商之间的竞争，从而为两个零售商都带来了更高的收益。Wu 等（2004）假设在竞争市场中有多个零售商分别提供具有横向差异的产品，并且假设高新科技的发展可以在一定程度上降低消费者的网络搜索成本。他们的研究结果表明，如果零售商想要在竞争中获得收益，则需要将自身塑造为信息和服务的提供者，若只是一味地想要通过消费者的搭便车行为获取需求，将会最终丧失市场份额。Bernstein 等（2009）研究了日益普遍存在的产品体验店，这是一种以消费者服务为导向的实体店，常见于电子产品企业，旨在帮助消费者更加全面地了解产品信息。Bernstein 等（2009）假设制造商需要为产品体验店支付高额的运营成本，同时体验店的存在鼓励了消费者的搭便车行为。研究发现，当市场上的产品信息缺失时，体验店能够为消费者提供必要的产品信息，此时创建产品体验店对制造商是有利的，例如，电子产品企业创新和推售新款时，体验店能够为消费者提供更多的产品信息，增加消费者的购买欲望。Kucuk 和 Maddux（2010）从消费者的预购行为出发，通过实证研究，发现实体店提供服务的意愿受网络价格的影响很大，但是不受产品在网络渠道的可获得概率的影响。因此，为了鼓励实体店提供高质量服务，企业需要规范和限制网络定价。Xing 和 Liu（2012）考虑了两个零售商，其中只有一个零售商提供店铺服务但是产品的销售价格较高，同时考虑了多种契约来完成零售商之间的合作。数值分析表明，在大多数情况下，根据价格匹配返还折扣的契约是最有效的。罗美玲等（2014）研究了消费者在双渠道供应链中的双向搭便车行为，其研究结果表明，在这种市场环境中，制造商总是能够从引入网络渠道中获得更高收益，并且，当网络渠道中提供服务的成本较高时，制造商将会放弃线上销售，选择在网络渠道中只提供产品信息而不销售产品的策略，此时，消费者将会在线上浏览产品信息，然后转移到实体零售商店购买产品。消费者的搭便车行为使双渠道供应链中制造商和零售商的收益都高于单一渠道中的收益。

最新的文献从不同的角度研究了搭便车行为带给供应链管理的影响。比如，曹裕等（2019）从双渠道的缺货替代现象入手，关注搭便车行为对供应链库存竞争与促销决策的影响；He 等（2016）研究了闭环供应链中的搭便车现象；De 等（2017）考虑了基于质量和服务的价格制定机制，用以激励 P2P 网络中的信息交流，但是加剧了消费者的搭便车行为；Mehra 等（2018）研究了实体零售商店关于如何避免成为网络渠道的产品展厅的策略。

（二）决策产品购买时间

将产品的销售期分为正价销售阶段和打折促销阶段，消费者需要在销售期初决策"是否"和"何时"购买产品，这个现象在季节性产品的销售过程中尤为常见。季节性产品（Seasonal products）在接近产品保质的有效期末时，产品的价值折损非常严重，比如牛奶、鲜花、生鲜产品、时装和化妆品等。熊中楷等（2010）表示，季节性产品具有不可储存或者储存成本非常高的特征，因此，在销售季节性产品时，通常会在接近销售期末的时间段，出现明显的产品降价。供应链管理中广泛应用报童（Newsvendor）模型来研究季节性产品的销售过程。Cachon 和 Swinney（2009）与 Su 和 Zhang（2008）在经典的报童模型的基础上，考虑了消费者的策略性延迟购买行为。Dana Jr 和 Petruzzi（2001）对传统报童模型中的假设进行了扩展，同时考虑了产品价格和订货量的最优决策问题。在 Dasu 和 Tong（2010）、Ozer 和 Zheng（2016）、Yin 等（2009）与 Lai 等（2010）的研究中，均考虑到了季节性产品在销售过程中逐渐贬值的问题，并且在构建模型时，将产品的正价销售阶段和降价促销阶段区别定价。

选择在正价销售阶段等待，然后在降价促销阶段购买产品的消费者被称为策略型消费者（Strategic consumers）或者前瞻型消费者（Forward-looking consumers），他们会考虑到将来有可能以更低的折扣价获得产品而拒绝立即以正价购买产品。与之相对应的是短视型消费者（Myopic consumers），这类消费者只需要当产品的销售价格低于支付意愿时，就会选择购买产品。策略型消费者了解历史产品销售信息，并能够根据所了解的信息，通过最优化购买时间来最大化期望效用，他们会把未来的购买选项纳入考虑。相反地，短视型消费者完全忽视历史信息，只关注当前销售阶段中的剩余效用。传统的供应链管理模型中刻画的多为短视型消费者，比如，Xia 和 Rajagopalan（2009），Xiao、Choi 和 Cheng（2014），以及 Xiao、Shi 和 Chen（2014）的研究中的消费者都只具有"立刻购买"和"离开"两个行为选项，而不具有"等待"的可能。消费者的策略性等待行为使得企业和消费者之间形成了动态的博弈关系：消费者对企业的下阶段策略的预期影响了他们在现阶段的决策，同时，消费者在现阶段的决策又影响了企业在下阶段的最优策略。由此可见，策略型消费者与短视型消费者的购买行为对企业决策的影响具有明显差异，传统的订货和定价策略并不一定适用于对策略型消费者的研究。Aviv 和 Pazgal（2008）指出，如果误将策略型消费者当作短视型消费者进行市场需求预测和决策，那么这将会对企业造成高达 20% 的期望利益损失。

根据策略型消费者延迟购买产品的目的，大体上可以把现有的相关文献分为以下两类。

（1）Swinney（2011）、Xie 和 Shugan（2001）、Prasad 等（2011）与 Akan 等（2015）假设消费者在销售期初对产品的价值评价是不确定的，延迟购买是为了获取更多的产品信息，从而决策是否购买该产品。这种类型的模型假设适用于产品信息不完全，尤其是加入了创新技术的产品。比如，新上市的电子产品，普通消费者无法确定对产品的价值评价，需要通过一段时间的学习，了解更多市场信息后，才能够确定该产品的价值。

（2）在另外一种模型假设中，消费者从销售期初就已经获得了关于产品足够的信息，能够完全确定自己对产品的价值评价，而延迟购买是为了等待较低的促销价格。这种假设适用的产品类型更为广泛，相关的参考文献也比较多，比如，Liu 和 Van Ryzin（2008）、Cachon 和 Swinney（2009）、Su 和 Zhang（2008）以及 Li 和 Zhang

（2013）等。

在享受较低促销价格的同时，等待的消费者需要承担促销阶段较高的缺货风险。因此，策略型消费者需要权衡两个阶段购买产品的利弊，做出最优决策。总的来说，市场上的消费者将会展现出四种购买行为：第一种是在正价阶段直接购买产品，由于正价阶段的缺货风险明显低于促销阶段，因此，大部分的现有文献中均假设正价阶段不会出现缺货现象；第二种是等待到促销阶段以较低促销价购买产品；第三种是等待到促销阶段，但是由于缺货而没有获得产品；第四种是在产品销售期初直接放弃购买，离开市场。

大多数关于消费者等待行为的研究是以具有短暂保质期的食品销售为背景的，比如 Liu 和 Van Ryzin（2008）、Tilson 和 Zheng（2014）与 Tsai 等（2011）。如今，随着消费者购物行为日益多样化，策略性延迟购买的行为在多个行业中普遍存在，比如时装行业，尤其是在时尚快销品牌产品的销售过程中。Cachon 和 Swinney（2011）与 Yang 等（2015）均以快销时装品牌为背景，研究了策略型消费者的延迟购买行为，这些品牌中常见的有 Zara、H&M、Mango、Adidas 和 Benetton 等。Cleophas 和 Bartke（2011）以航空公司客运收入管理为研究背景；Chen 和 Su（2014）的研究基于可再生能源的供应链管理；Tilson 和 Zheng（2014）将对于策略型消费者的研究建立在再制造产品的基础上；代云珍和胡培（2015）在企业的最优广告和定价联合决策中考虑策略型消费者带来的影响；毕功兵等（2019）研究了投资者的策略延迟行为对众筹项目的定价以及激励决策的影响。

根据 Liang 等（2014）、Li 和 Zhang（2013）与 Parlakturk（2012）的假设，当消费者等待到促销阶段时，虽然促销价格低于正价，但是消费者对产品的价值评价也会随着时间的流逝而有所降低。比如，在时装的销售过程中，消费者会对新潮、时尚的服装给予较高的评价；而对于款式老旧、过时的服装给予明显较低的评价。对产品价值评价降低的程度反映了消费者对时间的敏感程度，当消费者对时间流逝较为敏感时，对产品的价值评价降低较多，反之亦然。产品价值评价的降低是阻碍消费者等待的因素之一。另外，等待到促销阶段购买产品的消费者，有可能由于缺货而最终无法获得产品。由此可见，消费者在决策最优购买时间的同时，需要预测促销阶段的剩余库存量，然后结合个人对产品的价值评价，综合考虑正价、促销价格和库存量三个因素，抉择是"立刻以正价购买产品"还是"等待促销"。Su 和 Zhang（2008）与 Ozer 和 Zheng（2016）的模型中均考虑了消费者延迟购买后能够获得产品的可能性，并且假设消费者在销售期初抉择购买时间时，能够准确预测等待后的产品可获概率。

在策略型消费者的影响下，企业更加难以准确地制定库存量和产品价格。陈雯等（2015）指出，企业可以通过提高产品质量、更加快速地响应市场需求，来减少策略型消费者的等待行为，并且从消费者类型（策略型消费者和短视型消费者）和订货策略（传统订货和快速反应）两个维度，分析了产品质量设计和快速响应之间的联系。官振中和李伟（2015）运用斯坦克伯格博弈模型，研究了拥有固定库存数量的垄断零售商和投机商、策略型消费者之间的博弈，研究结果表明，在特定情况下，投机商的存在可以弱化策略型消费者带给零售商的负面影响。Yin 等（2009）假设零售商在销售期初确定产品的正价、促销价和订货量，整个销售期内不再改变价格和补充库存。研究发现，在告知消费者当前产品可获性的同时，隐瞒产品的剩余数量能够有效抑制消费者的等待行为，提高企业收益。杨慧等（2010）考虑市场上同时存在策略型消费者和短视型消费者，假设市场环境中的产品估价呈随机分布，研究产品在两个阶段的动态定价问题。研究发现，产品在两个阶段的价格差值随着策略型消费者所占市场比例的增加而减小。李钢和魏峰（2013）允许在正价阶段购买产品的消费者在降价促销阶段索要差价，同时，制造商对降价阶段结束后零售商剩余的产品实行价格补贴策略。研究表明，批发价和价格补贴联合契约可以在一定程度上抑制策略型消费者的等待行为。

二 供应链渠道管理

有关供应链渠道管理的研究向来都是供应链管理中的热点。渠道管理包括供应链的渠道结构策略以及特定渠道结构下的定价、订货和产品策略等问题的研究。传统的有关渠道结构策略的探讨集中在纵向的集中型和分散型供应链之间的比较。而如今，随着电子商务对网络渠道的推动，双渠道供应链逐渐成为供应链渠道结构发展的趋势，同时，企业在双渠道供应链中的管理问题也越发引起专家学者和研究人员的广泛关注。

（一）集中型供应链和分散型供应链

传统观点认为供应链渠道结构纵向分散化将会带来双边际效应（Double marginalization），即在信息不对称的情况下，由于供应链双方片面地追求自身收益最大化而导致供应链的整体收益低于供应链双方收益之和的现象，这种现象的产生将会大大削弱系统的有效性。因此，最早在1950年由Spengler指出，最优的渠道策略应该是纵向一体化，即集中化管理。

一些现有文献研究了如何通过制定合理的供应链契约，以消除双边际效应带来的负面影响。比如，Pasternack（1985）明确指出制造商和零售商之间可以通过契约协调的方法完全解决双边际效应；Chen和Bell（2011）通过制造商对零售商和消费者采取不同价格的回购契约，最终达到供应链成员共赢的结果；李新然和牟宗玉（2013）运用改进参数后的收益共享契约成功协调突发事件干扰下的分散式决策闭环供应链。另外，马士华和王福寿（2006）关注汽车行业中定制生产的供应链实例，并通过数值分析的结果表明，当消费者对时间敏感时，供应链的管理者倾向于采取能够快速响应市场的集中化管理。众所周知的快销时装品牌Zara就是通过缩短供应链的长度来达到对市场的快速反应，已有不少文献对Zara的渠道纵向一体化的管理方法进行了分析，比如，Aviv和Pazgal（2008）、Liu

和 Van Ryzin（2008）、Cachon 和 Swinney（2009），以及 Liang 等（2014）。

与此同时，Cachon 和 Swinney（2011）以及 Swinney（2011）表示，将产品的制造生产工作外包给制造成本较低的偏远地区是企业中普遍存在的现象，这种供应链运作策略使得渠道结构分散化。一些现有文献的研究结果表明，在一定的条件下，渠道分散化能够为供应链带来更高收益。Su 和 Zhang（2008）发现，当考虑到消费者的策略性等待行为时，分散型供应链的收益严格优于集中型供应链的收益。原因在于，分散型供应链中由双边际效应导致的较高销售价格和较低库存量将会降低策略型消费者的等待意愿。Desai 等（2004）将耐用型产品的销售过程分为两个阶段，其中，在第二个阶段同时销售互为竞争关系的旧款产品和新款产品。研究结果表明，分散型供应链中的制造商可以通过制定两部收费契约与零售商达成协调，并取得高于集中型供应链中的制造商收益。Yang 等（2015）通过在分散型供应链中制定收益共享契约，发现在面对策略型消费者时，渠道分散化能够提高供应链整体绩效。Liu 和 Tyagi（2011）从产品差异化的角度出发，分析了不同的分销渠道策略和渠道结构对产品质量决策的影响。研究结果表明，即使在上游供应商不具有生产优势的情况下，制造商仍然偏好向上结构分散化。他们同时指出，向下结构分散化也能够为制造商带来更高收益，即与直接将产品销售给消费者相比，制造商更加偏向于通过零售商销售产品。Shi 等（2013）以及 Jerath 等（2017）比较了集中型和分散型供应链中的产品质量策略，发现在分散型供应链中，企业提高产品质量的动机更大，即渠道分散化能够促使企业提高产品质量。

（二）双渠道供应链管理

互联网的高速发展推动了双渠道供应链的普及，相关的管理工作和研究也越发引起各大企业、专家和研究人员的重视。Webb 和 Hogan（2002）的研究表明，当制造商在与零售商的博弈关系中占据主导地位时，制造商总是倾向于引入网络渠道，从而在与其他制造商的竞争中获得更大的市场优势。与此同时，网络渠道的存在引发的渠道冲突问题不容忽视。Xiao、Choi 和 Cheng（2014）以阿迪达斯和耐克为现实案例，假设在网络渠道中推出消费者定制产品，用以与零售渠道中的常规产品区别开，从而通过双渠道产品差异化来缓解渠道冲突。

在现有文献中，不乏有关产品差异化策略的讨论。Yan（2011）通过在双渠道中销售不同品牌的产品，发现差异化策略可以减轻渠道冲突，并且提出了供应链利润的分配机制，最终达到整个供应链协调。张婧和赵紫锟（2011）的研究结果表明，为了给供应链带来更多收益，达到更稳定的供应链结构，适当的产品差异化是一个可行有效的方法。但斌等（2013）讨论了在两个渠道中分别销售具有差异性的产品，同时制造商利用网络渠道的资源优势为消费者提供电子信息服务的情况，发现通过制定两部收费策略，供应链能够达到完美协调；同时，当消费者对产品异质性的偏好较大时，协调后的供应链系统可以获得更高收益。王瑶等（2014）在双渠道产品差异化的供应链中，考虑了零售商服务对网络渠道中产品销售的负溢出效应，即实体零售商店通过店面展示、销售人员的讲解和广告宣传活动等服务，将其产品与网络渠道中的产品进行对比衬托，从而突出实体店中产品的优越性，吸引消费者在实体店中购买产品。研究结果表明，实施双渠道产品差异化策略对制造商和零售商都是有利的。Boyaci 和 Ray（2006）以及 Olbert 等（2016）考虑了这样一种情况，消费者可以在零售商店立即获得产品，而网络渠道中获得产品需要等待一段时间的产品运输，而且运输过程中可能会出现产品损坏等问题；他们从产品的立即获得性和损坏风险的角度研究两个渠道中产品的差异性带来的影响。

与传统的单一渠道相比，双渠道供应链中的市场需求更为复杂，相应的定价和订货策略也有所不同。在单一渠道的两层供应链中，制造商通过零售商的订货量了解市场需求，Wallace 等（2004）认为，相比之下，网络渠道中制造商直接向消费者出售产品的行为有利于更好地控制价格，以及与零售商进行关于批发价格的谈判。与之相似的是 Chiang 等（2003）的研究成果：制造商将引入网络渠道作为战略手段，用以增强与零售商之间的讨价还价能力；甚至当网络渠道中的需求量为零时，双渠道供应链仍然是制造商偏爱的结构类型。同样地，郭亚军和赵礼强（2008）的研究表明，制造商总是有动机构建双渠道供应链来提高自身收益。同时，他们发现，当网络普及率较高时，双渠道结构对于供应链的整体绩效也是有利的。另外，Chiang 和 Monahan（2005）关注渠道中的库存管理，假设制造商和零售商分别持有库存，研究结果表明，大多数情况下双渠道结构是占优的。Cattani 等（2006）分析了不同定价策略下供应链成员收益的变化，表示保持批发价和零售渠道价格不变并不能够给零售商带来更多收益，反而是双方以自身收益最大化为目标确定的渠道价格对双方都是最优的。梁喜等（2018）以及林晶和王健（2018）在与独立零售商竞争的环境中，探究制造商开设网络渠道的动机。

另外的一些相关文献从更为多样化的视角研究双渠道供应链管理中的问题。比如，Khouja 等（2010）假设制造商通过直销渠道、直营零售渠道和独立的零售商销售产品，同时，将市场上的消费者按照是否能够接受直销渠道分成两类，研究不同类型消费者的数量以及渠道偏好对制造商渠道策略的影响；Dumrongsiri 等（2008）和孙燕红等（2011）关注网络渠道和零售渠道带给消费者的服务差异，研究服务质量对消费者选择行为的影响；徐峰和盛昭瀚（2012）以产品再制造过程为背景，研究供应链中的双渠道策略和定价决策；李伟等（2017）和范辰等（2018）都分别考虑了制造商占主导地位和零售商占主导地位的情景，研究不同渠道势力影响下的最优决策和收益差异；申成霖等（2013）假设异质消费者对于零售商的实体渠道和网络渠道的偏好不同，并且对于不同零售商的接受程度有差异，研究零售商横向竞争和渠道结构策略；Xiao、Choi 和 Cheng（2014）假设零售商占有斯坦克伯格博弈模型中的主导地位，模型中的制造商在通过零售商销售常规产品的同时，通过网络渠道销售消费者定制的产品，同时考虑产品的多样性与制造商的渠道策略；Yang 等（2019）探究制造商与消费者的环境责任对双渠道供应链决策的影响；吴锦峰等（2014）从计划开拓网络渠道的传统零售商的角度出发，分析多渠道整合质量对消费者从网络渠道购买产品的意愿的影响；曹二保等（2014）考虑双渠道供应链市场中出现的需求扰动对于供应链成员决策和协调机制的影响；曹晓刚等（2015）以双渠道闭环供应链为研究背景，假设消费者对双渠道具有不同偏好，分析再制造成本对供应链收益的影响，并运用价格机制和收益共享机制实现供应链协调；计国君等（2015）关注网络渠道和零售渠道中销售产品的性能差异，通过研究发现，为两个渠道同时提供高性能产品有助于缓解渠道冲突。

三　计算实验

供应链系统是一个跨企业的多个职能部门活动的集合体，包括订单的获取和发送、预测市场需求、制定产品销售价格和库存量、生产产品以及完成产品的配送和销售等。由此可见，供应链的运作管理是非常复杂和难以准确刻画的。尤其是在竞争与合作并存的动态市场环境中，企业可能随时改变相关管理策略。总结柴跃廷等（2000）、李刚等（2001）与张涛等（2003）所述，具体观点有以下两方面。（1）现实生活中的企业决策者无法顾及企业内部和市场上消费者行为可能出现的所有突发情况，这就为决策带来了很多的不确定性，同时，合作者和竞争者的策略也在时刻改变，因此，供应链决策者需要不时地调整自身策略以适应市场环境。（2）消费者群体是由众多具有自主能动性的消费者个体组成的异质群体，他们的决策不仅受到自身经验的影响，而且受到其他消费者反馈建议的影响，不能够忽视消费者在决策过程中不断学习和互相影响的过程。

另外，黄健等（2009）指出，现实生活中的企业和消费者的决策并不是完全理性的，其偏好和决策规则会随着时间不断变化。然而，传统的数理模型多是建立在一般系统论和牛顿科学范式的基础之上（成思危，1999），把供应链及其环境看作一个静态的或者变化迟缓的对象，缺乏足够的适应性和自主性，已经难以合理地解释和解决当今如此复杂的供应链相关现象和问题。与之相比，计算实验研究方法更加适合解决非线性的复杂动态问题。

盛昭瀚等（2009）指出，供应链是由多个追求自身收益最大化的独立决策代理所组成的难以控制的复杂系统，如图1-2所示。针对供应链的这一特性，建立起上下周期之间决策互相影响的计算实验模型，能够更好地描述供应链成员和异质消费者群体之间的交互作用。盛昭瀚和张维（2011）详细介绍了计算实验研究方法，称其为以综合集成方法论为指导，融合计算机技术、复杂系统理论和演化理论等，通过计算机再现管理系统的基本情景，分析各种管理现象、行为与演化规律的一种科学研究方法。

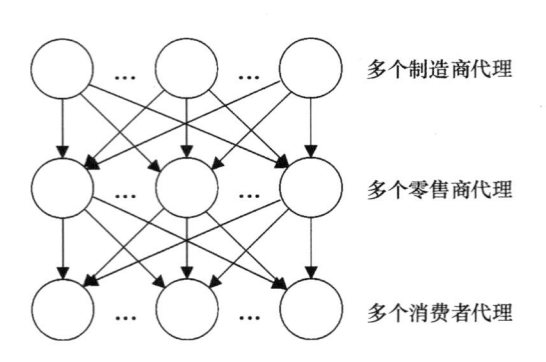

图1-2 多代理供应链模型

计算实验研究方法采用了复杂系统的自下而上的思想，经常与人工智能技术、多代理思想、计算机仿真语言等相结合，以研究和解决社会经济系统中的问题。其中，多代理思想是指通过多代理系统与仿真技术相结合，对供应链的运作过程进行建模与仿真，是一种从全新角度研究供应链管理中成员博弈、合作和资源优化配置问题的仿真思想（盛昭瀚等，2011）。多代理系统即由多个代理所组成的系统，多代理系统能解决单个代理无法解决的复杂问题。每个智能代理都具有自治性、协作性、异质性和通信性等特征。陈廷斌和吴伟（2004）表示，在多代理系统中，多个智能代理之间还可以进行交互、共享知识和相关问题的求解方法，从而有效地提高复杂系统中并行计算的能力以及系统的灵活性和扩展性，最终实现系统的全局目标。多代理建模方法正是借鉴了多代理系统中的这些特点，采用智能代理作为计算实验系统建模中的基本元素，通过多个代理之间的交互作用，达到模型的研究目的。

早在1998年Swaminathan等提出，多代理建模是一种有效的供应链运作过程的仿真建模技术，并且，与其他的供应链仿真技术相比，多代理方法具有低成本、高效率和可重复使用等众多优点。Xie和Chen（2004）再次证明多代理建模是一种解决动态复杂系统问题的有效方法。供应链系统可以被抽象成一个多代理系统，其中，不同的供应链成员的决策行为可以通过不同的代理行为进行刻画，从而模拟整个供应链系统的交互过程。考虑到社会经济系统中复杂的非线性关系，利用多代理建模思想对供应链的运作过程进行计算实验与仿真已经成为新的研究热点（Chan and Chan，2010）。比如，Giannakis和Louis（2011）、Amini等（2012）、Groves等（2014）、Jiang等（2014）和Jiang等（2016）的研究成果都建立在多代理仿真建模的基础之上。Giannakis和Louis（2011）通过构建多代理决策系统，研究供应链运作过程中的风险和管理中断问题；Amini等（2012）探讨在新产品的扩张过程中相关的生产和销售策略，将异质的消费者群体抽象为仿真系统中的多个代理，通过多代理之间的交互作用，刻画关于新产品推广过程中的"口口相传"的过程；Groves等（2014）仿真模拟产品为期一年的生产和销售过程，模型中抽象出供应链系统的六个决策代理，主要关注于市场的动态变化过程；Jiang等（2014）描述了使用电子商务和社交媒体的消费者之间进行知识共享的演化过程，在消费者做决策时，会同时考虑自己在以往时期购买产品的博弈策略、其他消费者的购物决策和所获得信息的噪声；Jiang等（2016）通过将异质消费者的交互行为抽象为仿真系统中的多个代理，研究了品牌扩张的动态过程。

同时，国内涌现了一批专家和学者，将基于多代理思想的计算实验方法运用在供应链管理领域的研究中，通过将供应链中每个成员抽象为仿真系统中的一个代理，有效地刻画了多代理之间的交互行为和复杂系统的运作过程。比如，Xie 和 Chen（2004）运用多代理仿真建模技术研究供应链中多个零售商之间的横向竞争；Li 等（2010）刻画了原材料供应商、零部件供应商、制造商和零售商之间的讨价还价过程；李真等（2011）以多个供应商和多个零售商组成的供应链网络为研究对象，运用计算实验方法模拟了该供应链网络的多种结构变化，分别分析了当供应商不采用协调策略、部分采用协调策略和全部采用协调策略三种情景下，供应链网络的收益情况；张道海和杜建国（2011）以供应链中断风险的相关问题为研究内容，假设零售商具有不同的风险态度，并研究这种差异对零售商的平均收益和平均服务水平的影响；孟庆峰等（2011）同时考虑供应链网络中的纵向竞争和横向竞争，在竞争环境中分析零售价格与市场需求之间的互相影响，研究回购契约对供应链网络的协调机制；Li 和 Chan（2013）在动态结构的供应链研究中验证多代理建模的有效性和可用性；李真等（2013）从公平关切程度的角度出发，将计算实验应用到工程建设的工期优化问题中；徐峰和侯云章（2013）对国内外关于供应链中网络风险的研究进行归纳和总结，分别从宏观和微观的角度，全面分析供应链成员进行网络相关的合作风险和日常风险，并研究现有供应链网络的结构和演化过程；Long（2014）建立起多层供应链网络模型，关注于供应链成员之间的纵向竞争；孟庆峰等（2014）假设有多个互相竞争且行为互相影响的零售商，并且每个零售商具有不同的不公平厌恶心理偏好，制造商通过制定销售回馈与惩罚契约来激励零售商的销售努力，在此基础上，研究零售商的不公平厌恶心理偏好对激励效果产生的影响。

四 文献分析与总结

消费者的选择行为决定了市场需求，如何吸引消费者以获得更高收益是企业需要加以重视的问题。随着电子商务和网络技术的飞速发展，除了有关于渠道结构纵向分散化的研究，横向的渠道扩张也逐渐成为国内外专家和学者关注的热点问题，相关的渠道管理工作越来越复杂。传统零售渠道和网络渠道共同组成的双渠道结构成为供应链发展的趋势，随之，异质消费者群体的选择行为愈加难以预测。因此，更加适合复杂系统研究的计算实验方法被广泛应用于供应链管理领域的研究中。利用多代理建模思想和面向对象编程技术，将供应链中的每个成员抽象为计算实验系统中的一个代理，根据外部环境、其他代理策略和自身决策偏好等因素的变化，参与代理相应地调整自己的行为，通过交互作用自下而上地"涌现"出供应链系统的各种行为和现象（盛昭瀚、张维，2011）。

第四节 研究思路

传统的供应链管理领域的研究中多是考虑消费者是否购买产品的决策，然而，现实情景中市场上的消费者越来越具有策略性，他们不仅考虑是否购买产品，而且考虑何时购买、从哪购买以及怎样购买产品的决策，这些决策将会影响到供应链中相关的管理工作。因此，本书从消费者行为的视角出发，探究供应链渠道结构选择规律和最优的渠道管理策略。

考虑到具有多样化购买行为的消费者会对需求预测造成不确定性影响，首先从外部整体地刻画市场不确定性，然后分别从时间和空间两个维度具体刻画每一个消费者的延迟购买行为和跨渠道搭便车行为。这种从整体（整个消费者市场）到具体（每一个消费者行为）的研究方法，有助于更加系统地分析消费者多样化购买行为带来的影响。

在充分考虑消费者多样化的购买行为的前提下，分别从横向和纵向的角度研究供应链渠道管理。在纵向渠道管理中，通过比较集中型和分散型供应链收益，揭示供应链纵向分散化规律，同时分析产品的最优定价和订货策略。在横向渠道管理中，探究企业在传统单一零售渠道的基础上引入网络渠道的动机，并进一步揭示双渠道供应链中产品差异化规律。这种市场营销和供应链运作管理相结合的研究思路，有利于更好地分析市场相关因素对企业决策的影响，有助于企业更加准确地做出决策。

研究思路如图 1-3 所示。

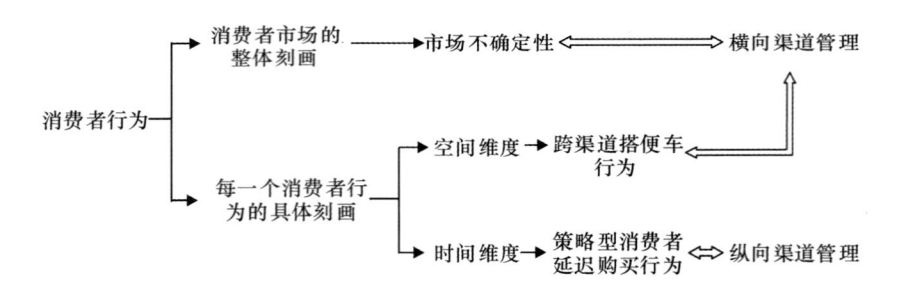

图 1-3 研究思路

第五节 研究结构与主要内容

通过对消费者行为和供应链渠道管理相关文献的梳理，结合目前企业实践中遇到的相关问题，刻画出供应链系统的博弈模型，结合计算实验方法，对消费者行为影响下的渠道管理进行研究。研究结构和主要内容如图 1-4 所示。

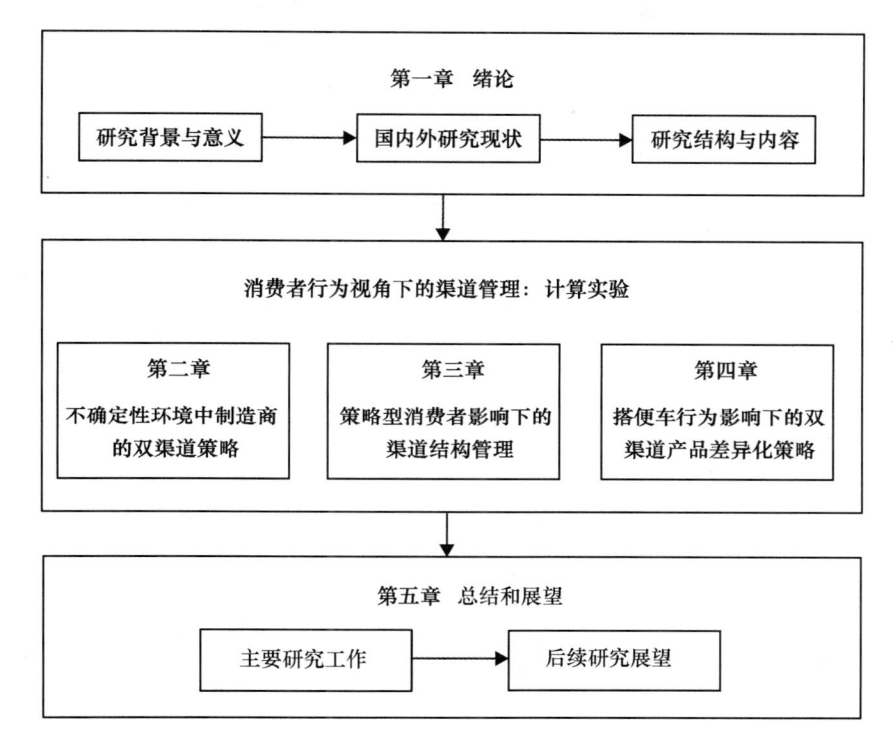

图 1-4 研究结构与主要内容

一 不确定性环境中制造商的双渠道策略

企业决策者无法完全预测市场上消费者多样化的购买行为，因此，通过市场不确定性从外部整体地刻画市场上所有消费者的多样化行为对需求的影响。为了更加贴近现实情景，考虑消费者与消费者之间对产品的价值评价互异，以效用理论为依据刻画渠道需求，探究制造商构建双渠道供应链的动机。进一步考虑多条互相竞争的供应链，分析市场竞争对制造商双渠道策略的影响。每个计算实验周期内，供应链成员根据学习规则，调整和优化决策变量。在多周期的计算实验中，上下周期之间以及供应链成员之间的决策互相影响，最终达到供应链系统的稳定状态。多周期的计算实验使得最终的结果分析具有统计意义，所得的管理启示也更具有说服力。

二　策略型消费者影响下的渠道结构管理

企业在销售季节性产品时通常会分正价销售阶段和降价促销阶段。如此，消费者有可能选择不在正价阶段购买，而是等待到产品促销阶段以更低的价格购买。但是，等待的消费者需要承担一定的缺货风险。零售商在每个销售周期开始时确定库存量和产品的销售价格。由于消费者具有策略性等待行为，零售商无法完全准确预测市场需求。建立起多周期计算实验模型，零售商在每个周期就可以根据历史数据学习优化订货量和价格。可以看出，等待的消费者在促销阶段获得产品的概率，受到其他消费者购买行为的影响。在充分考虑消费者的策略性等待行为的前提下，探究供应链纵向分散化的动机。通过比较集中型供应链和分散型供应链中成员的决策和收益以及消费者行为，揭示不同渠道结构策略的选择规律。

三　搭便车行为影响下的双渠道产品差异化策略

双渠道供应链中的消费者有可能在实体零售商店享受服务后，转移到价格更低的网络渠道购买产品。消费者的这种搭便车行为将会严重损害提供服务的零售商的收益与参加博弈的积极性。双渠道供应链中的制造商能够为两个渠道提供完全相同或者具有差异的产品，供应链中的产品策略将会影响消费者的搭便车行为和供应链成员的最优决策。在产品差异化策略中考虑产品的横向差异化和纵向差异化，同时结合消费者群体的异质性，使用博弈论和计算实验相结合的研究方法，探究消费者的跨渠道搭便车行为对双渠道供应链中产品策略的影响。

第六节　研究方法和技术路线

　　市场上的消费者群体互相异质，具有不同的产品偏好、购物成本等，消费者与消费者之间具有交互作用，他们的购买决策互相影响；供应链成员在做出决策时，需要充分考虑市场需求的变化、市场上不确定因素的冲击以及其他供应链成员的决策。如此复杂多变的系统环境对于传统的数理研究方法来说是一种考验。因此，选择将计算实验方法和博弈论结合起来，作为模型的研究方法。

　　具体来说，运用多代理思想将供应链中的每个成员抽象为计算实验中的一个代理，考虑多个代理之间的博弈关系，在多周期的博弈模型中，上下周期的决策之间互相影响。同时，将面向对象编程技术和优化算法相结合制定学习规则。计算实验中的代理根据外部环境、其他代理策略和自身决策偏好变化相应地调整自己的行为，通过多个代理在多个周期内的交互作用，自下而上地"涌现"出系统的各种行为和现象。计算实验模型易于控制，并且能够重复进行。在模拟各代理之间的相互影响和整体表现时，既考虑了每个供应链成员的个体行为，又考虑了群体行为。最终，通过抽取与研究目的相关的参数，分析参数变化对各供应链成员策略和收益的影响，得到较好的管理启示。

　　研究的技术路线如图1-5所示。以供应链渠道管理作为研究背景，分析企业的渠道结构策略和双渠道产品差异化策略的实际背景。从消费者效用理论出发，充分考虑市场上消费者复杂多变的购买行为和消费者群体的异质性。构建模型的相关文献作为理论基础，包括供应链渠道结构管理、双渠道供应链管理、策略型消费者延迟购买行为、搭便车行为以及产品营销策略等的相关以往文献。通过整理、消化和吸收已有文献和研究成果，利用博弈论知识刻画供应链成员之间的博弈关系，构建数理模型。结合消费者行为学的相关知识，准确刻画消费者的多样化购买行为，并最终反映在渠道需求和供应链成员收益中。基于多代理思想，运用面向对象编程技术，将供应链成员抽象为系统中的多个代理；利用最优化原则和优化算法制定供应链中每个代理的学习规则；构建起多周期的计算实验，系统中多个代理之间交互作用，逐渐达到整个供应链系统的稳定状态，得到稳定的决策变量和供应链成员收益。

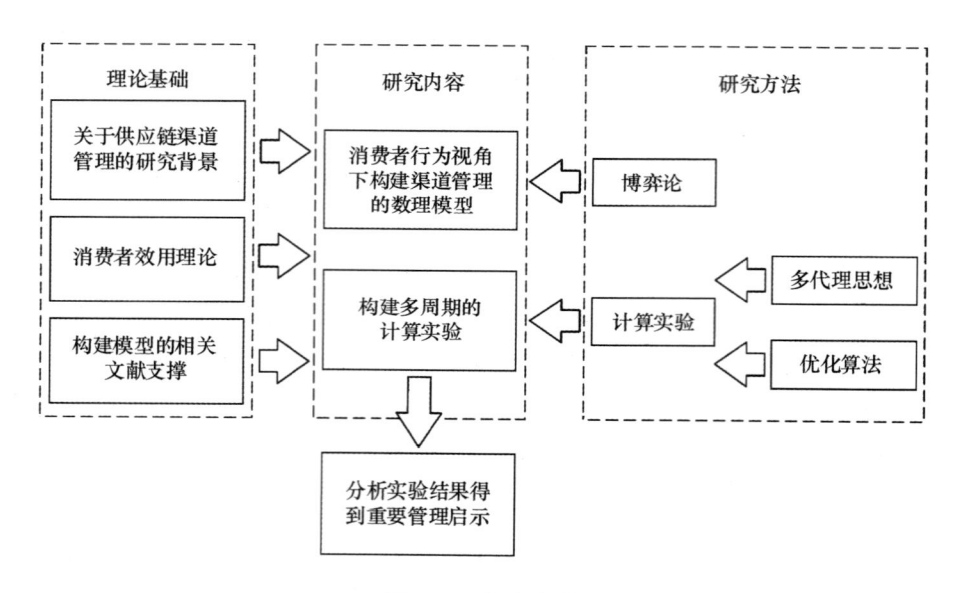

图 1-5　技术路线

计算实验部分运用基于 Windows 环境的 Eclipse 平台，通过 Java 语言、面向对象技术进行程序模拟，同时辅助 Mathematica 等数学软件。通过分析实验结果，获得更多的管理启示。

第七节　主要创新点

从消费者行为的视角出发，刻画异质消费者群体在不同渠道结构下的购买行为，结合计算实验和博弈论，构建供应链渠道管理的研究模型，分析计算实验结果，得到重要的管理启示。研究的创新点表现在如下几个方面。

（1）将消费者群体的异质性、市场不确定性和市场竞争嵌入双渠道供应链模型，从消费者多样化购买行为的视角出发，充分考虑市场不确定性和市场竞争对需求预测、供应链成员决策和收益的影响，探究制造商的双渠道策略。传统供应链管理相关文献中多是假设只有一个消费者或者是单一类型的消费者，与以往文献不同，本书关注市场上多个互相异质的消费者的群体。考虑消费者在对产品的偏好、价值评价以及购物成本等方面的差异性，使模型更加贴近现实情景。通过比较单一渠道和双渠道供应链中的制造商收益，揭示制造商引入网络渠道的规律。

（2）在考虑策略型消费者延迟购买行为的基础上，揭示供应链纵向分散化规律。消费者根据效用最大化抉择购买时间，异质消费者群体的购买行为互相影响，并受到渠道库存量限制和时间敏感程度影响。分析集中型和分散型供应链中策略型消费者延迟购买意愿，比较不同渠道结构中供应链成员决策和收益，探究策略型消费者影响下的渠道结构策略。

（3）在考虑消费者跨渠道搭便车行为的基础上，揭示双渠道供应链中产品差异化规律。分析制造商的双渠道产品策略，比较同质策略和差异化策略下消费者搭便车的数量，探究双渠道产品策略对搭便车行为的影响；比较不同产品策略下供应链成员的决策和收益，揭示搭便车行为影响下双渠道供应链中产品策略选择规律。

（4）将计算实验方法和博弈论结合起来构建供应链模型。运用多代理的思想，将供应链成员抽象为系统中具有独立性和自主性的多个代理。基于博弈论和供应链管理中收益最大化的优化规律，制定出供应链成员在多周期计算实验中的学习规则。在多周期的博弈过程中，上下周期之间的决策变量互相影响，各供应链成员以及消费者之间存在交互作用，最终"涌现"出供应链系统在稳定状态下的最优决策和收益。将数理建模和计算实验研究方法结合起来，能够得到更多有意义的管理启示。

第 二 章

不确定性环境中制造商的双渠道策略

单一渠道供应链中，制造商通过零售商销售产品；双渠道供应链中，制造商同时通过零售商和直接面对消费者市场的网络渠道销售产品。本章设置制造商在与零售商的斯坦克伯格博弈模型中占据主导地位，结合多代理思想构建多周期的计算实验模型，同时研究供应链成员的库存和定价策略，重点关注市场不确定性和市场竞争带来的影响，通过比较单一渠道和双渠道供应链中成员的收益情况，探究制造商构建双渠道供应链的动机。

第一节 问题背景

近年来，网络技术飞速发展，消费者对于电子商务的接受程度越来越高。许多国际知名企业在原有的实体零售商店的基础上引入网络渠道，构建双渠道供应链，比如惠普、联想、IBM、雅诗兰黛、耐克等（Matsui，2016）。另外，戴尔作为网络直销模式的成功范例，如今也已经发展成为网络直销与实体零售商店相结合的双渠道结构（黄健等，2009）。Shankar 和 Winer（2005）指出已有超过

50%的零售商摒弃了以往的单一渠道结构。与单一渠道相比，双渠道供应链能够为消费者带来更为丰富的产品信息和选择空间，并且，能够为制造商开辟出更为广阔的市场（Park and Keh，2003）。然而，网络渠道的引入使得制造商和零售商之间的竞争和冲突更加激烈。同时存在的横向和纵向竞争使得企业的供应链渠道管理更加复杂。如今，随着电子商务对网络渠道的大力推动，双渠道供应链管理的研究越发引起企业和众多学者的重视。

考虑到企业的决策者无法完全顾及市场中消费者多样化的购买行为，本章通过市场不确定性，从消费者群体的外部对多样化行为进行整体刻画，研究市场不确定性对需求预测、供应链成员收益的影响，探究不确定性环境中制造商的双渠道策略。使用计算实验与博弈论相结合的研究方法，建立多周期博弈模型，将供应链成员抽象为系统中的多个代理，描述多代理在多周期计算实验中的学习和优化过程。既考虑供应链中每一个博弈参与者的个体行为，又考虑整个供应链中的群体现象。通过抽取与研究目标相关的实验参数，分析参数变化对于各代理的决策以及收益的影响。

第二节 模型框架

在双渠道供应链中，假设有一个制造商、一个零售商和多个异质的消费者。制造商在与零售商的斯坦克伯格博弈中是领导者，其决策变量有批发价格和网络渠道价格；零售商是博弈中的跟随者，决策变量包括产品的订货量和零售渠道价格；每个消费者都根据效用最大化的原则，选择能够获得最大效用的购物途径。供应链系统中的各个成员之间存在交互作用，他们分别以自身收益最大化为目标，在每个计算实验周期内学习和优化决策变量。双渠道供应链的模型框架如图 2-1 所描述。

在双渠道供应链中，零售渠道和网络渠道之间存在价格竞争，

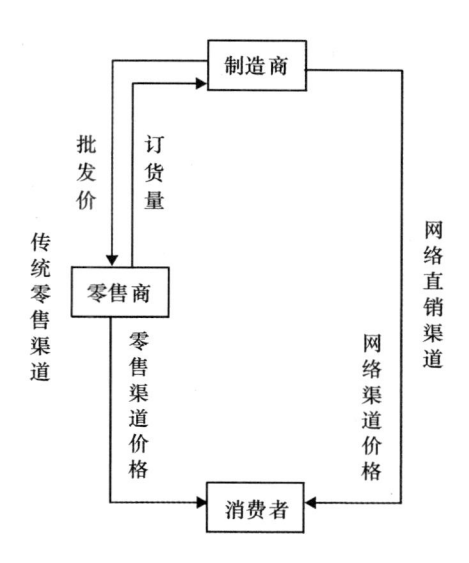

图 2-1 双渠道供应链模型

两个渠道分别通过调整产品的销售价格来争夺市场份额。另外，零售渠道中的产品销售量受到库存量的限制，而网络渠道的竞争力受到消费者对网络渠道的接受程度的影响。每个决策代理遵从斯坦克伯格博弈关系和策略调整规则，在多周期计算实验中进行学习，通过调整决策变量，达到最大化自身收益的目的。假设市场规模为 N，即市场中共有 N 个异质消费者。消费者根据两个渠道中的产品销售价格、库存量等因素决策购买行为。同时，供应链成员无法完全预测消费者多样化购买行为带来的市场不确定性。因此，最终的渠道需求由成员可预测的消费者购买决策和市场不确定性共同组成。假设两个渠道中销售的产品为完全相同、可替代的产品，且需要在每个销售周期末进行产品处理，没有剩余产品累积到之后的周期内销售。

第三节 基本模型假设和计算实验学习规则

根据问题描述假设基本模型,并制定计算实验中的学习规则。在多周期的计算实验中,多个供应链成员之间存在博弈关系,各自以最大化自身收益为目标,根据设定的规则,在每个试验周期内学习和优化决策,并最终达到整个供应链系统的稳定状态。

一 消费者购物行为和双渠道需求

当消费者直接从网络渠道购买产品时,没有办法完全掌握产品的全部信息。消费者通常能够从网络渠道中获得产品的电子信息,即可以通过数字和文字描述的产品信息,但是无法掌握产品的非电子信息,比如味道、气味、触感、服饰是否合身等。然而这些非电子信息在消费者抉择是否购买产品时,起到了非常重要的作用。因此,消费者从网络渠道购买产品时对产品的价值评价通常会低于在实体店购买产品时的价值评价。使用符号 θ 来表示消费者对于"将网络渠道作为传统零售渠道的替代途径来购买产品"这一选择的接受程度,且 $0 < \theta < 1$。具体来说,市场上共有 N 个消费者,其中,任意的消费者 i 从零售商店购买产品时,对该产品的价值评价为 V_i(其中 $i = 1, 2, \cdots, N$);那么,同样的产品,当消费者 i 从网络渠道购买时,对产品的价值评价为 θV_i(Chiang et al., 2003; Kacen et al., 2013)。另外,假设异质的消费者群体对产品的价值评价不同,而且是相互独立的,整体服从正态分布 $V_i \sim N(\mu_v, \sigma_v^2)$。若方差 σ_v^2 较大,则说明消费者群体的异质性较大。

网络直销渠道中产品的销售价格为 p_d,零售商渠道的价格为 p_r。当消费者 i 从网络渠道购买产品时,可以获得效用:

$$U_{di} = \theta V_i - p_d$$

当消费者 i 从零售商店购买产品时,消费者效用为:

$$U_{ri} = V_i - p_r$$

令 $U_{di} = 0$，可以得到消费者在网络渠道购买产品的价值评价的临界点，为：

$$V_d = \frac{p_d}{\theta}$$

具体来说，当 $V_i > V_d$ 时，有 $U_{di} > 0$，此时，消费者 i 从网络渠道购买产品可以获得正的消费者效用，因此，消费者 i 有可能从网络渠道购买产品；当 $V_i \leq V_d$ 时，有 $U_{di} \leq 0$，此时，消费者 i 从网络渠道购买产品时无法获得正的效用，因此，消费者 i 不会选择网络渠道。同理，令 $U_{ri} = 0$，可以得到零售渠道中购买产品的价值评价的临界点：

$$V_r = p_r$$

当 $V_i > V_r$ 时，有 $U_{ri} > 0$，此时，消费者 i 有可能从零售渠道购买产品。进一步，理性的消费者根据效用最大化的原则，选择为自己带来最大效用的购物途径。令 $U_{di} = U_{ri}$，得到两个渠道的无差异点：

$$V_{dr} = \frac{p_r - p_d}{1 - \theta}$$

那么，当消费者 i 对产品的价值评价 $V_i < V_{dr}$ 时，有 $U_{di} > U_{ri}$，此时，从网络渠道购买产品可以获得更高效用。相反地，当 $V_i > V_{dr}$ 时，有 $U_{di} < U_{ri}$，消费者 i 倾向于从零售渠道购买产品。

每个销售周期开始时，零售商需要向制造商订购一定数量的产品，订购的产品数量限制了消费者能够从零售渠道购买到产品的可能性。当零售商店缺货时，消费者将无法从零售渠道购买产品。然而，制造商采取柔性制造，生产能力没有限制，这样在网络渠道中按照需求量生产产品，不会出现缺货。当零售商店中的库存量无法满足消费者需求时，消费者可以选择放弃购买或者转移到网络渠道购买产品。

基于上述模型假设，市场中的异质消费者可能采取的购买行为共有四种，根据消费者的购买行为，能够进一步得到两个渠道中的需求量。消费者市场中总的消费者的数量为 N，那么，可能采取的四种不同的购买行为以及对应的消费者数量分别如下所述。

（1）$U_{di} > U_{ri}$ 且 $U_{di} > 0$，即 $V_{dr} > V_i > V_d$，对产品的价值评价属于这个区间的消费者 i 将直接从网络渠道购买产品。可能采取这一购买行为的消费者数量为 $P\{V_{dr} > V_i > V_d\}N$。

（2）$U_{ri} \geqslant U_{di} > 0$，即 $V_i > V_{dr}$ 且 $V_i > V_d$，对产品的价值评价满足这个范围的消费者 i 更加倾向于从零售渠道购买产品，但是，当零售渠道出现缺货时，消费者 i 将会转移到网络渠道。可能展现出这一购买行为的消费者数量为 $P\{V_i > V_{dr}, V_i > V_d\}N$。

（3）$U_{ri} > 0 \geqslant U_{di}$，即 $V_d \geqslant V_i > V_r$，对产品的价值评价属于这个区间的消费者 i 是零售渠道的忠实消费者，即倾向于从零售渠道购买产品，而且，当零售商库存不足时，消费者 i 不会转移到网络渠道，而是将会选择放弃在本周期购买产品。可能展现这一购买行为的消费者数量为 $P\{V_d \geqslant V_i > V_r\}N$。

（4）$U_{di} \leqslant 0$ 且 $U_{ri} \leqslant 0$，此时，消费者 i 从两个渠道的产品中获得的效用都不大于零，因此，消费者 i 将不会购买产品。

综上所述，有可能从零售渠道中购买产品的消费者群体包括购买行为如（2）和（3）中所述的消费者 i，消费者的数量为：

$$D_r = P\{V_i > V_{dr}, V_i > V_d\}N + P\{V_d \geqslant V_i > V_r\}N \quad (2-1)$$

使用 Q 来标记零售商的订货量，从而本想从零售渠道购买产品却遭遇缺货的消费者数量为：

$$\max\{D_r - Q, 0\}$$

其中，购买行为如（2）中所述的消费者 i，在遭遇缺货时，将会转移到网络渠道购买产品，其数量为：

$$\frac{P\{V_i > V_{dr}, V_i > V_d\}}{P\{V_i > V_{dr}, V_i > V_d\} + P\{V_d \geqslant V_i > V_r\}}\max\{D_r - Q, 0\}$$

进一步，网络渠道中的消费者群体包括直接选择从网络渠道购买产品的消费者，即购买行为如（1）中所述的消费者 i，以及从零售渠道转移到网络渠道的消费者，总的消费者数量为：

$$D_d = P\{V_{dr} > V_i > V_d\}N +$$

$$\frac{P\{V_i > V_{dr}, V_i > V_d\}}{P\{V_i > V_{dr}, V_i > V_d\} + P\{V_d \geq V_i > V_r\}} \max\{D_r - Q, 0\}$$

$$(2-2)$$

本章重点关注市场不确定性对供应链成员的决策和收益的影响。通过在两个渠道上分别添加刻画不确定性的参数，研究该参数带来的影响。具体来说，分别在网络渠道和零售渠道中可预测的消费者需求数量的基础上，添加服从正态分布的不确定因子 $\varepsilon_d \sim N(0, s_d)$ 和 $\varepsilon_r \sim N(0, s_r)$。市场不确定性的分布是公共知识，但具体的数值无法被准确预测。进一步，同时将 $V_d = \frac{p_d}{\theta}$、$V_r = p_r$ 和 $V_{dr} = \frac{p_r - p_d}{1-\theta}$ 代入式（2-1），得到市场不确定性影响下的零售渠道需求量：

$$\tilde{D}_r = P\left\{V_i > \frac{p_r - p_d}{1-\theta}, V_i > \frac{p_d}{\theta}\right\}N + P\left\{\frac{p_d}{\theta} \geq V_i > p_r\right\}N + \varepsilon_r$$

$$(2-3)$$

同理，将 $V_d = \frac{p_d}{\theta}$、$V_r = p_r$ 和 $V_{dr} = \frac{p_r - p_d}{1-\theta}$ 代入式（2-2），得到市场不确定性影响下的网络渠道需求量：

$$\tilde{D}_d = P\left\{\frac{p_r - p_d}{1-\theta} > V_i > \frac{p_d}{\theta}\right\}N +$$

$$\frac{P\left\{V_i > \frac{p_r - p_d}{1-\theta}, V_i > \frac{p_d}{\theta}\right\}}{P\left\{V_i > \frac{p_r - p_d}{1-\theta}, V_i > \frac{p_d}{\theta}\right\} + P\left\{\frac{p_d}{\theta} \geq V_i > p_r\right\}} \max\{\tilde{D}_r - Q, 0\} + \varepsilon_d$$

$$(2-4)$$

二 零售商的决策和收益

零售商是斯坦克伯格博弈中的跟随者，在得知制造商的批发价格 w 和网络渠道价格 p_d 后，决策产品的订货量 Q 和零售渠道价格 p_r。制造商作为领导者，具有先动优势，因此，根据"逆向归纳法"的思想，首先描述零售商的决策变量的学习规则。先动优势具体指的是，虽然制造商做决策时零售商还没有制定决策变量，但是制造商知道零售商制定决策变量的学习规则。

零售渠道的销售量不仅受到零售价格的影响，而且依赖零售商的库存量。零售商在每个销售周期的期初订购一定数量的产品，需求实现后有可能出现产品缺货或者过剩的情况。分别使用 g 和 v 来表示零售商的单位缺货成本和单位产品剩余价值。具体的缺货量或产品过剩量由零售渠道的实际需求量 $\tilde{D}_r$ 和订货量 Q 的差值决定，分别如图 2-2 和图 2-3 所示。

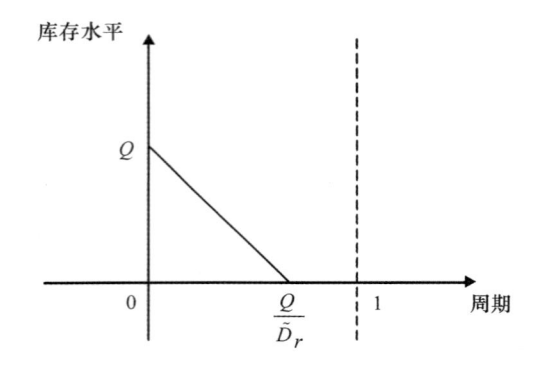

图 2-2 缺货时的库存水平

当零售渠道缺货时，如图 2-2 所示，库存量可以表示为：

$$\frac{1}{2} \times \frac{Q}{\tilde{D}_r} \times Q = \frac{Q^2}{2\tilde{D}_r}$$

当产品过剩时，如图 2-3 所示，库存量表示为：

$$\frac{\tilde{D}_r}{2} + (Q - \tilde{D}_r)$$

零售商订购产品后，根据所持有的库存量支付相应的库存持有成本。单位库存持有成本用 h 来表示。在缺货情况下，零售商的收

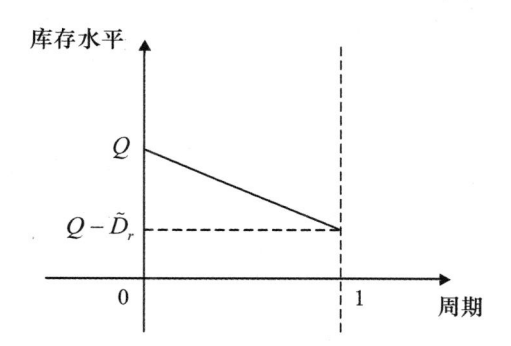

图 2-3 产品过剩时的库存水平

益函数表示为：

$$\pi_{rL} = p_r Q - wQ - g(\tilde{D}_r - Q) - \frac{hQ^2}{2\tilde{D}_r} \quad (2-5)$$

其中，$p_r Q$ 是将所有的库存产品销售完之后获得的总收入，wQ 是总的订货成本，$g(\tilde{D}_r - Q)$ 是总的缺货成本，$\frac{hQ^2}{2\tilde{D}_r}$ 是缺货情况下总的库存持有成本。在产品过剩的情况下，零售商的收益函数表示为：

$$\pi_{rl} = p_r \tilde{D}_r - wQ + v(Q - \tilde{D}_r) - [\frac{\tilde{D}_r}{2} + (Q - \tilde{D}_r)]h \quad (2-6)$$

其中，$p_r \tilde{D}_r$ 是按照零售渠道中的需求量销售产品后获得的总收入，$v(Q - \tilde{D}_r)$ 是处理过剩产品后获得的总的产品剩余价值，$[\frac{\tilde{D}_r}{2} + (Q - \tilde{D}_r)]h$ 是产品过剩情况下总的库存持有成本。

下面详细描述零售商的决策变量的学习规则。在第 j 周期中，零售商得知制造商的批发价格 w_j 和网络渠道价格 $p_{d(j)}$ 后，决策本周期的订货量 Q_j 和零售渠道价格 $p_{r(j)}$。使用步长为 5 的移动平均法，根据

历史数据预测第 j 周期中的零售渠道价格为 $\sum_{i=j-5}^{j-1} \frac{p_{r(i)}}{5}$，预测的订货量为 $\sum_{i=j-5}^{j-1} \frac{Q_i}{5}$。特别地，如果 $j \leq 5$，则移动平均法中使用的步长为 $j-1$。为了在多周期计算实验中逐步优化决策变量，供应链成员在每个周期内将决策变量调整单位变化量。决策变量的单位变化量足够小，使得决策变量能够逐步逼近最优点。零售渠道价格和订货量的单位变化量分别表示为 Δp_r 和 ΔQ。

关于订货量的学习规则分为两个部分，第一个部分详述如下。零售商根据历史数据得到制造商在第 j 周期的预测批发价格 $\sum_{i=j-5}^{j-1} \frac{w_i}{5}$，同时，零售商作为跟随者，做决策时已经得知制造商在第 j 周期中制定的批发价格 w_j。如果 $w_j > \sum_{i=j-5}^{j-1} \frac{w_i}{5}$，则说明制造商在第 j 周期增加了预测批发价格，那么，零售商将会降低产品的订购数量，在预测订货量的基础上降低单位变化量，即 $\hat{Q}_j = \sum_{i=j-5}^{j-1} \frac{Q_i}{5} - \Delta Q$。相反地，如果 $w_j < \sum_{i=j-5}^{j-1} \frac{w_i}{5}$，则说明制造商将第 j 周期的预测批发价格降低了，那么，零售商将会增加预测的产品的订购数量，令 $\hat{Q}_j = \sum_{i=j-5}^{j-1} \frac{Q_i}{5} + \Delta Q$。另外，如果 $w_j = \sum_{i=j-5}^{j-1} \frac{w_i}{5}$，那么，零售商将不会改变预测的订货数量，即 $\hat{Q}_j = \sum_{i=j-5}^{j-1} \frac{Q_i}{5}$。

关于订货量的学习规则的第二个部分，体现在零售渠道价格的学习过程中。根据预测的零售渠道价格，零售商可能制定第 j 周期的零售渠道价格为 $\hat{p}_{r(j)1} = \sum_{i=j-5}^{j-1} \frac{p_{r(i)}}{5} - \Delta p_r$、$\hat{p}_{r(j)2} = \sum_{i=j-5}^{j-1} \frac{p_{r(i)}}{5}$ 或者 $\hat{p}_{r(j)3} = \sum_{i=j-5}^{j-1} \frac{p_{r(i)}}{5} + \Delta p_r$。分别将 $\hat{p}_{r(j)1}$、$\hat{p}_{r(j)2}$ 和 $\hat{p}_{r(j)3}$，连同预测订货量 $\sum_{i=j-5}^{j-1} \frac{Q_i}{5}$、

第 j 周期的批发价格 w_j 和网络渠道价格 $p_{d(j)}$，结合两个渠道的需求函数式（2-3）和式（2-4），代入零售商的收益函数计算预测收益。如果预测市场需求时，发现零售渠道的需求量大于 $\sum_{i=j-5}^{j-1}\frac{Q_i}{5}$，则根据缺货情况下零售商的收益函数式（2-5）计算预测收益；同理，如果零售渠道中的预测需求量小于 $\sum_{i=j-5}^{j-1}\frac{Q_i}{5}$，则根据产品过剩时的零售商收益函数式（2-6）计算预测收益。

分别对应预测零售价格 $\hat{p}_{r(j)1}$、$\hat{p}_{r(j)2}$ 和 $\hat{p}_{r(j)3}$，可以得到零售商的预测收益 $\hat{\pi}_{r(j)1}$、$\hat{\pi}_{r(j)2}$ 和 $\hat{\pi}_{r(j)3}$。基于收益最大化的原则，零售商通过比较，得到 $\hat{\pi}_{r(j)1}$、$\hat{\pi}_{r(j)2}$ 和 $\hat{\pi}_{r(j)3}$ 中的最大收益，并制定第 j 周期的零售渠道价格为最大收益对应的预测零售渠道价格的值。比如，若 $\hat{\pi}_{r(j)1} = \max\{\hat{\pi}_{r(j)1}, \hat{\pi}_{r(j)2}, \hat{\pi}_{r(j)3}\}$，则零售商将制定第 j 周期的零售渠道价格为

$$p_{r(j)} = \hat{p}_{r(j)1} = \sum_{i=j-5}^{j-1}\frac{p_{r(i)}}{5} - \Delta p_r。$$

零售商在学习零售渠道价格时，如果预测得到的零售渠道需求大于预测订货量 $\hat{Q}_j$，则说明预测的订货量无法满足市场需求，那么，零售商会将预测订货量增加单位变化量，制定第 j 周期的订货量为 $Q_j = \hat{Q}_j + \Delta Q$，以改善预测的缺货情况；同理，如果预测得到的零售渠道需求量小于预测订货量 $\hat{Q}_j$，则零售商将会在预测订货量的基础上，减少订货量的单位变化量，制定第 j 周期的订货量为 $Q_j = \hat{Q}_j - \Delta Q$，以尽量避免产品过剩的情况发生。另外，如果预测得到的零售渠道需求量与预测的零售商订货量完全相同，则零售商将会按照预测的订货量向制造商订购产品，即 $Q_j = \hat{Q}_j$。

关于订货量的学习规则的第一个部分保证了制造商不会为了追求自身收益最大化而盲目增加单位批发价格，维护了零售商的收益，同时维持了供应链系统中上下游之间的稳定。关于订货量的学习规则的第二个部分使零售商的订货量能够反映市场需求，根据预测的缺货或者产品过剩情况调整订货量，同时有利于提高零售商的收益

水平。

决策变量调整完成后,零售商会将产品的订货量 Q_j 告知制造商进行生产,并将零售渠道中产品的销售价格 $p_{r(j)}$ 告知市场上的消费者。零售渠道价格 $p_{r(j)}$ 将与网络渠道价格 $p_{d(j)}$ 互相竞争,共同对第 j 周期中消费者的购买行为产生影响。

三 制造商的决策和收益

制造商作为斯坦克伯格博弈中的领导者,在每个计算实验周期内首先决策批发价格 w 和网络渠道价格 p_d。从时间线上来看,制造商在零售商前面做决策,但是制造商知道零售商关于决策变量的学习规则,具有"先动优势"。

产品的单位生产成本为 c。制造商生产的产品数量需要满足网络渠道需求量 $\tilde{D}_d$ 和零售商订货量 Q 这两部分。制造商采取柔性制造,不考虑其生产能力的局限性。每个周期制造商都要对网络渠道进行维护,比如网站的开发与维护等,需要花费的固定成本为 K。那么,双渠道供应链的制造商收益为:

$$\pi_m = (w - c)Q + (p_d - c)\tilde{D}_d - K \qquad (2-7)$$

零售渠道中的收益来自零售商的订货,可以表示为:

$$\pi_{mQ} = wQ - cQ \qquad (2-8)$$

其中, wQ 是来自零售商订货的总收入, cQ 是零售渠道中的产品生产成本。网络渠道的收益表示为:

$$\pi_{mD} = p_d \tilde{D}_d - c\tilde{D}_d - K \qquad (2-9)$$

其中, $p_d \tilde{D}_d$ 是网络渠道中销售产品的总收入, $c\tilde{D}_d$ 是网络渠道中的产品生产成本, K 是每个周期对网络渠道的维护成本。

制造商和零售商在多周期计算实验中进行博弈,根据历史周期中的数据进行本周期的预测,然后根据学习规则调整预测值,作出最终决策。以第 j 周期为例,详述制造商在多周期计算实验中的学习规则。使用步长为 5 的移动平均法,从零售商订货量的历史数据中

得到平均数 $\sum_{i=j-5}^{j-1}\frac{Q_i}{5}$，作为第 j 周期的预测订货量。同理，得到预测的网络渠道价格 $\sum_{i=j-5}^{j-1}\frac{p_{d(i)}}{5}$，预测的批发价格 $\sum_{i=j-5}^{j-1}\frac{w_i}{5}$。特别地，如果 $j\leq 5$，则使用周期个数为 $j-1$ 的移动平均法来计算预测值。制造商在多周期计算实验中学习网络渠道价格和批发价格时的单位变化量分别表示为 Δp_d 和 Δw。

首先描述制造商关于网络渠道价格的学习规则。在预测的网络渠道价格的基础上，制造商可能制定第 j 周期的网络渠道价格为 $\hat{p}_{d(j)1} = \sum_{i=j-5}^{j-1}\frac{p_{d(i)}}{5} - \Delta p_d$、$\hat{p}_{d(j)2} = \sum_{i=j-5}^{j-1}\frac{p_{d(i)}}{5}$ 或者 $\hat{p}_{d(j)3} = \sum_{i=j-5}^{j-1}\frac{p_{d(i)}}{5} + \Delta p_d$。制造商知道零售商关于决策变量的学习规则。分别将 $\hat{p}_{d(j)1}$、$\hat{p}_{d(j)2}$ 和 $\hat{p}_{d(j)3}$，连同预测的批发价格 $\sum_{i=j-5}^{j-1}\frac{w_i}{5}$，结合零售商的学习规则和两个渠道的需求函数式（2-3）和式（2-4），代入制造商的收益函数式（2-7），计算预测收益。

分别对应于预测的网络渠道价格 $\hat{p}_{d(j)1}$、$\hat{p}_{d(j)2}$ 和 $\hat{p}_{d(j)3}$，可以得到预测的制造商收益为 $\hat{\pi}_{m(j)1}$、$\hat{\pi}_{m(j)2}$ 和 $\hat{\pi}_{m(j)3}$。制造商基于收益最大化的原则，通过比较得到 $\hat{\pi}_{m(j)1}$、$\hat{\pi}_{m(j)2}$ 和 $\hat{\pi}_{m(j)3}$ 中的最大收益，并制定第 j 周期的网络渠道价格为最大收益对应的预测网络渠道价格。

制造商在学习批发价格时，同样是在预测的批发价格的基础上，具有三种可能的第 j 周期的批发价格，分别为 $\hat{w}_{j1} = \sum_{i=j-5}^{j-1}\frac{w_i}{5} - \Delta w$、$\hat{w}_{j2} = \sum_{i=j-5}^{j-1}\frac{w_i}{5}$ 和 $\hat{w}_{j3} = \sum_{i=j-5}^{j-1}\frac{w_i}{5} + \Delta w$。然后，分别连同预测的网络渠道价格 $\sum_{i=j-5}^{j-1}\frac{p_{d(i)}}{5}$，结合零售商有关订货量和零售渠道价格的学习规则以及渠道需求量函数式（2-3）和式（2-4），代入制造商的收益函数，计算预测收益。进一步，根据收益最大化的原则，通过比较预测的制造商收益，得到相对应的最优的预测批发价格，从而制定出第 j 周期的批发价格。最后，制造商将第 j 周期的批发价格 w_j 和网络渠道产品的销售价格 $p_{d(j)}$ 告知零售商，同时，市场中的消费者也能够知道 $p_{d(j)}$。

第四节　计算实验的实现过程

根据本章第三节中详述的基本模型假设和多周期计算实验中的学习规则，构建相应的实验流程。多周期计算实验是一个迭代优化的过程，多代理在每个周期内逐步学习和调整决策变量。多周期实验流程具体如下。

（1）将双渠道供应链系统进行初始化。创建具有单个制造商代理、单个零售商代理和 N 个消费者代理的双渠道供应链系统，并且初始化每个代理的所有属性，包括决策变量和学习规则的初始化。

（2）本周期中制造商代理进行决策。根据制造商关于批发价格和网络渠道价格的学习规则，调整预测的决策变量，并制定出本周期的决策变量的值。将最终决策的产品批发价格和网络渠道价格告知零售商，同时将网络渠道价格告知消费者。

（3）本周期中零售商代理进行决策。得知了制造商代理的决策变量之后，零售商开始决策。根据零售商关于订货量和零售渠道价格的学习规则，调整预测决策变量，并制定本周期决策变量。将最终决策的订货量告知制造商进行生产，将零售渠道价格告知消费者。

（4）本周期中每个消费者代理 i 进行选择。在得知网络渠道价格和零售渠道价格后，每个消费者代理 i 根据效用最大化的原则以及零售渠道中产品的库存情况，决策购买途径。进一步，在市场不确定性的影响下，消费者的购买行为决定了两个渠道的需求量，从而实现最终的供应链成员收益。

（5）将本周期调整后的决策变量的值以及收益值作为以后周期中多代理进行决策时的历史数据，迭代进行决策过程（2）—（5）。

当消费者抉择最优购买渠道时，需要同时考虑消费者效用最大化和零售渠道中产品的库存情况。当零售渠道发生缺货无法满足消费者的购买需求时，消费者可以选择转移到网络渠道购买产品，或者放弃购买产品。总的来说，市场上任意的消费者 i 的购买行为最终将会以以下三种情况之一结束：(1) 从网络渠道购买产品；(2) 从零售商店购买产品；(3) 放弃购买。结合本章第三节中详述的消费者的购买行为，绘制消费者的购买流程如图 2-4 所示。

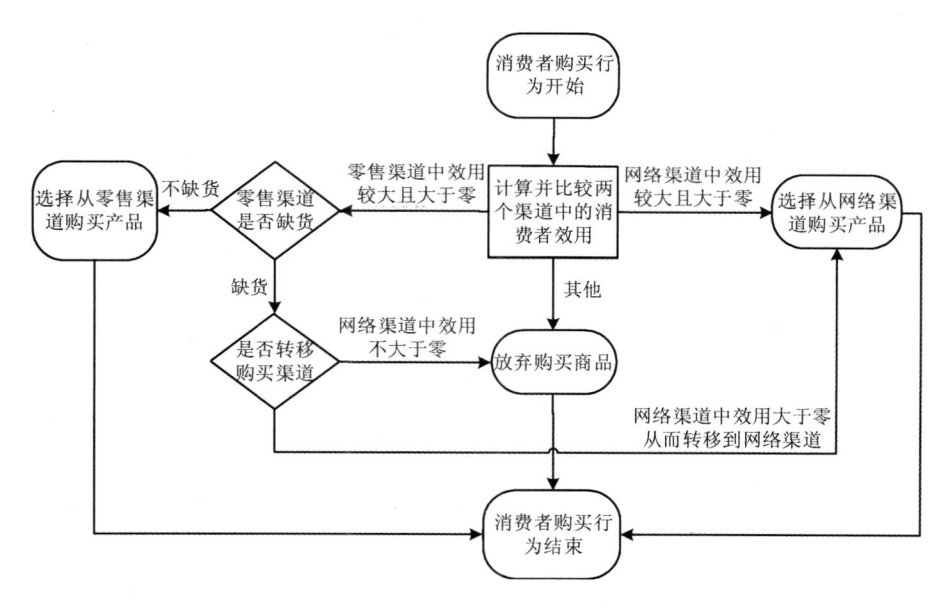

图 2-4 任意一个消费者 i 的购买决策

结合本章第三节中有关零售商和制造商决策和收益的内容，将有关决策变量的具体的调整规则，分别通过图 2-5 和图 2-6 形象地描绘出来。

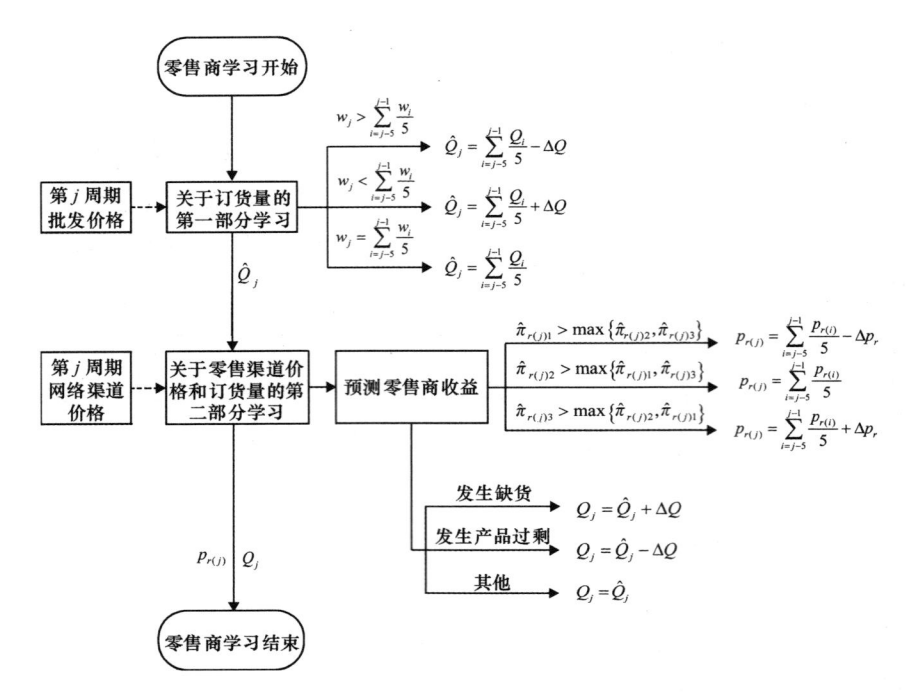

图 2-5　零售商的学习规则

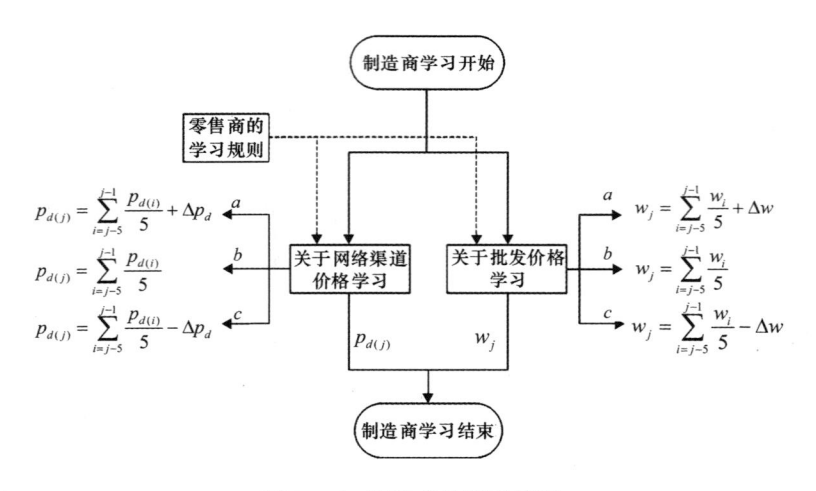

图 2-6　制造商的学习规则

注：a 代表 $\hat{\pi}_{m(j)1} > \max\{\hat{\pi}_{m(j)2}, \hat{\pi}_{m(j)3}\}$；$b$ 代表 $\hat{\pi}_{m(j)2} > \max\{\hat{\pi}_{m(j)1}, \hat{\pi}_{m(j)3}\}$；$c$ 代表 $\hat{\pi}_{m(j)3} > \max\{\hat{\pi}_{m(j)2}, \hat{\pi}_{m(j)1}\}$。

第五节　计算实验结果与分析

一　计算实验设置

在双渠道供应链中，需要确保不会出现渠道之间的套利现象，因此，多代理决策时始终有约束 $w<p_d$，这样，零售商不会从网络渠道购买产品后通过零售渠道销售给消费者。另外，经营网络渠道时，不需要承担传统零售渠道中诸如房屋水电费、职员培训费等成本。同时，参考 Brynjolfsson 和 Smith（2000）根据大量市场价格数据得到的研究结果，计算实验中设置两个渠道的产品销售价格具有以下关系：$p_d<p_r$。综上所述，一组合理的决策变量的初始值设置为：$w=13$，$p_d=15$，$p_r=18$，$Q=500$。进一步，将多周期计算实验中决策变量的单位变化量设置为初始值的近百分之一数量级：$\Delta w=0.1$，$\Delta p_d=0.1$，$\Delta p_r=0.1$，$\Delta Q=5$。

多周期计算实验的总周期数为 $T=100$，即制造商和零售商在 100 个周期内学习和调整决策变量；最终将调整后的决策变量进行计算平均，绘制实验结果图。其他的实验参数默认值如下：$\theta=0.75$，$c=3$，$g=1$，$v=1$，$h=0.5$，$K=500$，$N=1000$，$V_i \sim N(20, 16)$，$\varepsilon_d \sim N(0, 100)$ 和 $\varepsilon_r \sim N(0, 100)$。除了这一组默认参数值设置，还考虑了多组符合模型约束条件的实验参数值，均可从实验结果中得到相同的管理启示。

多周期计算实验中，制造商与零售商之间存在交互作用，同时，每个周期的决策都是基于以前周期中的大量历史数据，即上下周期之间的决策和收益也是互相影响的。制造商和零售商都以自身收益最大化的原则在每个周期内决策，同时，每个消费者根据效用最大化的原则决策购买行为。另外，N 个消费者之间的行为互相影响，最终在市场不确定性的影响下，实现双渠道需求和供应链成员收益。可以看出，整个实验模型的设置贴近现实情景，有利于得到具有指导意义的管理启示。

首先验证供应链成员在计算实验学习规则下，能够调整决策变量并最终使整个供应链系统达到稳定状态。图 2-7 中展示了零售商在 100 个计算实验周期内学习、调整零售渠道价格以及供应链系统逐渐趋于稳定的过程。从图 2-7 中可以看出，前 50 个计算实验周期内，零售商根据零售渠道价格的学习规则不断调整；后 50 个周期内，零售渠道价格已经达到稳定状态，不再发生改变。由此可见，根据本章第三节中制定的规则，零售商能够逐步学习和调整零售渠道价格以达到稳定值。同理，可以验证在有关订货量、批发价格和网络渠道价格的学习规则的指导下，供应链成员能够优化和得到稳定的决策变量，并且使整个供应链系统达到稳定状态。

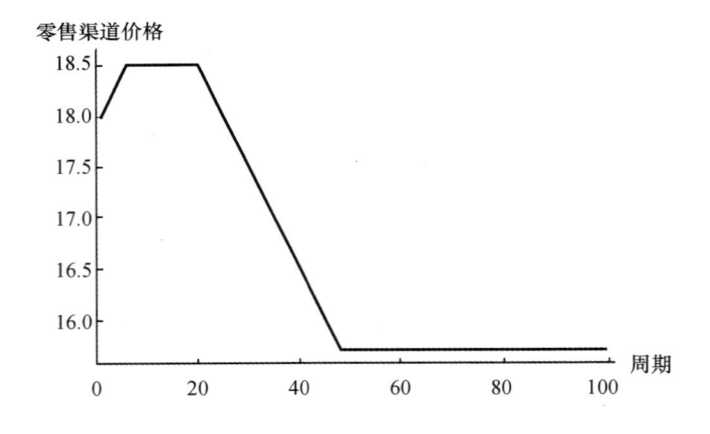

图 2-7　100 个计算实验周期内零售渠道价格的学习过程

在对计算实验结果进行分析时，通过将双渠道供应链和单一渠道供应链中的决策变量和收益进行对比，探究引入网络渠道带来的影响。单一渠道供应链中的学习规则与本章描述的双渠道结构中的设置相一致，并且拥有相同的默认实验参数设置。如果制造商从双渠道供应链中能够获得高于单一渠道结构时的收益，那么，制造商就有动机引入网络渠道。通过比较两种渠道结构下制造商的收益水平，可以揭示制造商的双渠道策略。

二 消费者对网络渠道的接受程度

θ 表示消费者对于网络渠道的接受程度。在 $\theta \in [0.3, 0.85]$ 的范围内研究不同的网络渠道接受程度对供应链成员决策和收益的影响,可以进一步得到制造商构建双渠道供应链的条件。得到的实验结果如图 2-8 所示:当消费者对网络渠道的接受程度较低时,制造商在双渠道供应链中获得的收益低于在单一渠道结构中获得的收益;当消费者对网络渠道的接受程度较高时,双渠道供应链中制造商收益增加,并逐渐大于单一渠道结构中的制造商收益。

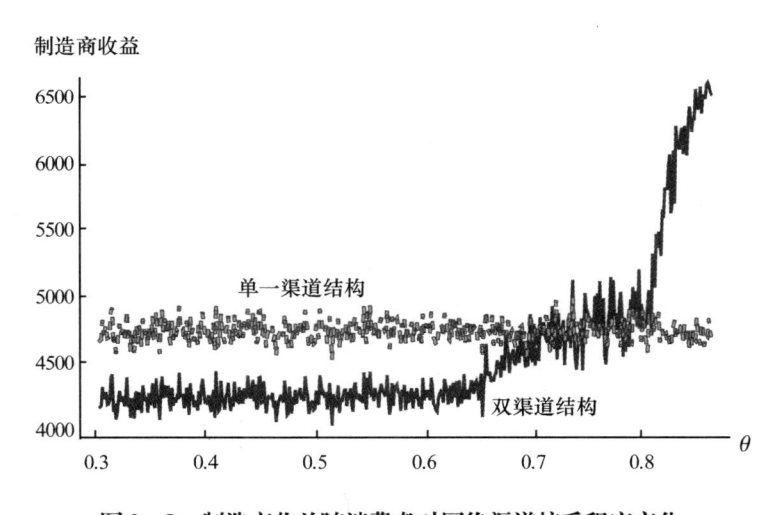

图 2-8 制造商收益随消费者对网络渠道接受程度变化

结论 2.1 当消费者对网络渠道的接受程度较低时,制造商应该构建单一渠道供应链;当接受程度较高时,双渠道供应链能够为制造商带来更高收益。

当消费者对网络渠道的接受程度较低时,他们购买网络渠道中的产品时所获得的效用很低,从而理性消费者不会选择从网络渠道购买产品。此时,网络渠道中的需求量很小,但是,制造商仍然需要为网站的开发和维护支付成本,因此,制造商在双渠道供应链中获得的收益将会低于从单一渠道供应链中获得的收益。如果消费者对网络渠道的接受程度足够高，则他们购买网络渠道中的产品时所获得的效用较大，从而网络渠道中需求量较大。此时，制造商能够从网络渠道获得足以抵消渠道维护成本的收益。随着消费者对网络渠道接受程度的提高，引入网络渠道为制造商带来的收益增加，因此制造商选择构建双渠道供应链的动机逐渐增加。

三 异质消费者群体对产品价值评价的差异性

消费者对产品的价值评价影响其购买行为，从而影响渠道需求和供应链成员的收益水平。异质的消费者对产品的价值评价相互独立，且整体服从正态分布 $V_i \sim N(\mu_v, \sigma_v^2)$。其中，$\sigma_v^2$ 为正态分布的方差，可以表示异质消费者群体对产品价值评价的差异性。如果 σ_v^2 接近于零，则说明消费者群体对产品的价值评价趋于一致；随着 σ_v^2 逐渐增大，异质消费者群体对于产品价值评价的差异性增加。以 σ_v^2 为控制变量，在 $\sigma_v^2 \in [1, 100]$ 的范围内研究异质消费者群体对产品价值评价的差异性对需求量、供应链成员决策和收益的影响。绘制实验结果如图 2-9 至图 2-12 所示，并从实验结果中分析得到结论 2.2。

结论 2.2 随着异质消费者群体对产品价值评价的差异性增大，零售商和制造商的收益水平逐渐降低；当消费者对产品的价值评价趋于一致时，制造商有动机构建双渠道供应链，当消费者对产品的价值评价差异性较大时，制造商倾向于构建单渠道供应链。

从零售渠道购买产品的消费者效用为 $U_{ri} = V_i - p_r$。随着 σ_v^2 增加，部分消费者对产品的价值评价降低，因此，零售商需要降低销售价格来吸引消费者。另外，由于与网络渠道之间的价格竞争，零售渠道中产品的销售价格在双渠道结构下比在单一渠道结构下更低（见图 2-9）。当 σ_v^2 增大时，消费者群体的差异性增大，那么，渠道中的产品和销售价格可以满足的消费者数量减少，减少的需求量造成

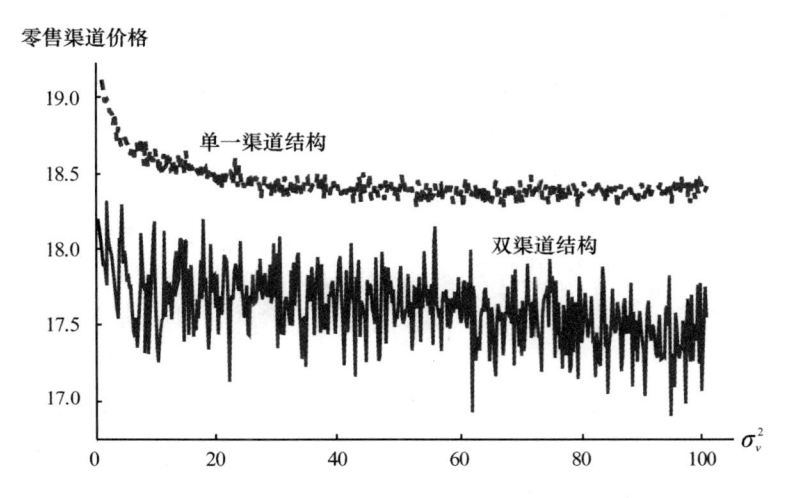

图 2-9　零售渠道价格随消费者对产品价值评价的差异性变化

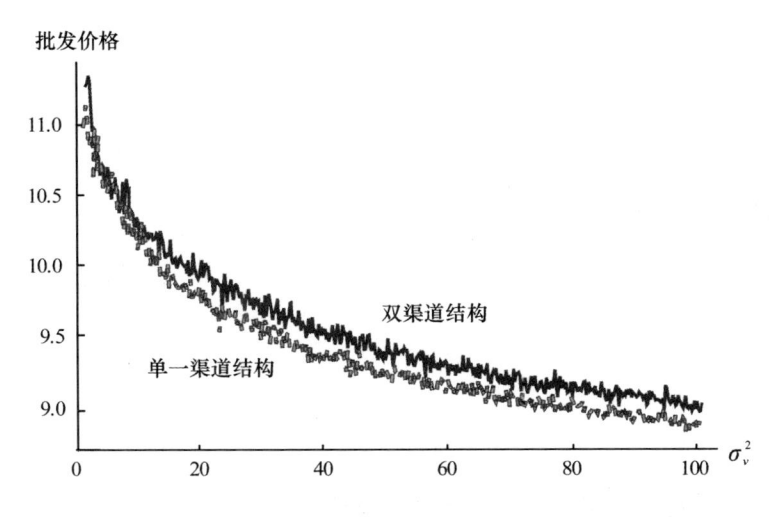

图 2-10　批发价格随消费者对产品价值评价的差异性变化

零售商收益降低（见图 2-11）。同时，批发价格随 σ_v^2 的增大而逐渐降低，且单一渠道中的批发价格下降更多（见图 2-10）。与单一渠

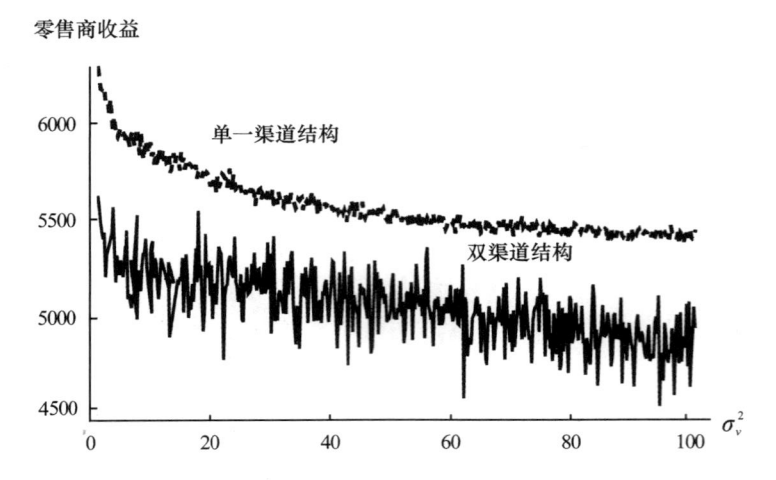

图 2-11 零售商收益随消费者对产品价值评价的差异性变化

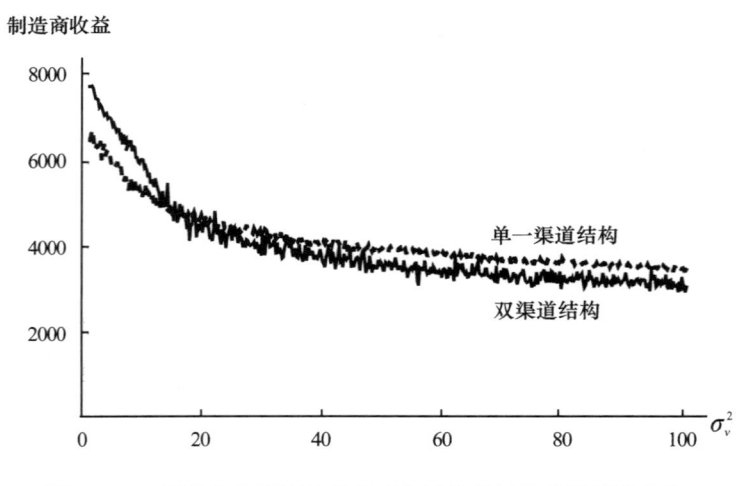

图 2-12 制造商收益随消费者对产品价值评价的差异性变化

道时零售商独享消费者市场相比,双渠道供应链中的零售商需要与网络渠道共享市场,从而如图 2-11 所示,引入网络渠道有损零售商收益。

从制造商收益的角度来看，网络渠道中的消费者效用为 $U_{di} = \theta V_i - p_d$。如果 σ_v^2 较小，即消费者对产品的价值评价趋于一致，则消费者对网络渠道较高的接受程度使制造商能够从引入网络渠道中获得更高收益，如图 2-12 所示，当 σ_v^2 较小时，双渠道供应链中制造商收益更高。然而，随着 σ_v^2 增加，消费者群体的差异性增大，从而 θ 的变化带来的影响会降低。虽然 θ 是影响制造商构建双渠道供应链动机的关键因素，但是，当 σ_v^2 较大时，即使消费者对网络渠道的接受程度较高，也无法为双渠道供应链中的制造商带来更多收益，如图 2-12 所示，网络渠道中的开发和维护成本使得双渠道结构中的制造商收益低于单一渠道中的制造商收益。

四 市场不确定性

现实生活中的企业决策者无法完全顾及市场上消费者可能出现的多样化的购买行为，这为决策带来了很多的不确定性。在市场不确定性的影响下，供应链成员的决策和收益都会受到影响，因此，在分析市场需求时，需要考虑到市场不确定性。在双渠道供应链中，零售渠道和网络渠道中都存在不确定性。假设市场不确定性服从正态分布，双渠道供应链中的两个渠道分别面对市场中的不确定性，两个渠道中的不确定性影响是互相独立的，各自服从各自的正态分布。其中，网络渠道中市场不确定性的分布设置为默认值 $\varepsilon_d \sim N(0, 100)$。双渠道供应链是在单一渠道的基础上，引入网络渠道构建而成，因此，双渠道供应链中零售渠道的市场不确定性与单一渠道中零售商所面临的市场不确定性相同，均服从正态分布 $\varepsilon_r \sim N(0, \sigma_r^2)$。正态分布的均值为 0，方差为 σ_r^2，方差越大，说明市场不确定性对供应链系统的影响越大。将 σ_r^2 作为控制变量，通过改变 σ_r^2 的值来刻画市场不确定性对供应链的影响程度的变化，从而研究市场不确定性对供应链成员的决策和收益的影响。在 $\sigma_r^2 \in [0, 2000]$ 的范围内分别绘制零售商收益曲线（见图 2-13）和制造商收益曲线（见

图2-14），并得到结论2.3。

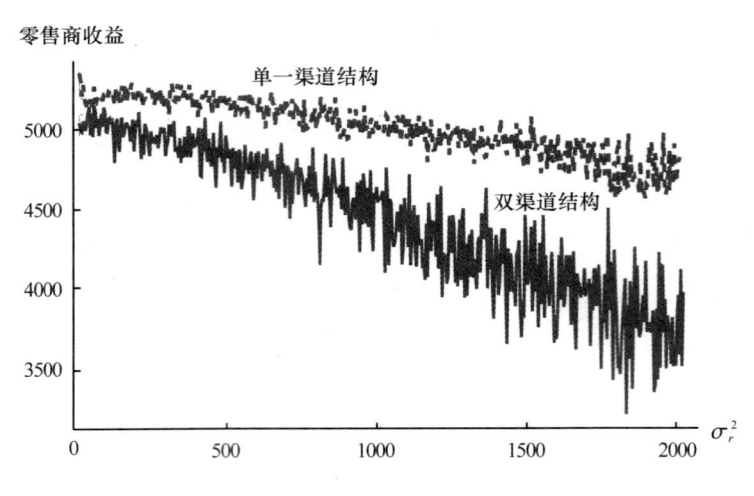

图2-13 零售商收益随市场不确定性变化

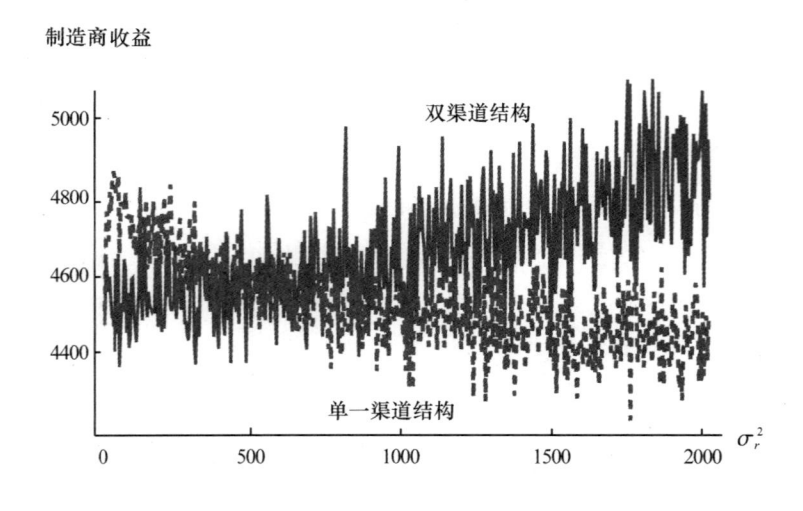

图2-14 制造商收益随市场不确定性变化

结论2.3 随着市场不确定性对供应链系统的影响程度增加，零售商的收益逐渐减少，而制造商的收益逐渐增加；当市场不确定性影响较大时，制造商应该构建双渠道供应链。

零售商在销售周期开始时，通过预测零售渠道需求量向制造商订货。如果库存量不能够满足市场需求，那么，零售商将会遭受缺货损失；但是，如果库存量过大，零售商需要承担过高的库存持有成本，同时，处理过剩的产品也会造成零售商收益损失。因此，零售商需要制定合理、合适的订货量来维持较高的收益水平。然而，当市场中的不确定因素造成的冲击力度较大时，零售商难以准确地预测消费者需求并决策出适当的订货量。因此，如图 2-13 所示，随着 σ_r^2 增大，零售商收益曲线的波动越来越大，也就是说，零售商收益的不稳定性越来越大，并且收益值逐渐减少。为了应对市场需求可能增加的情况，零售商倾向于订购较多的产品，这使制造商能够获得较高的来自零售商订货部分的收益。在双渠道供应链中，市场不确定性提高了零售商决策失误的概率，从而消费者更加倾向于直接从网络渠道购买产品，或者从零售渠道转移到网络渠道进行消费。增加的网络渠道需求将会增加制造商来自网络渠道部分的收益。因此，当市场不确定性的影响较大时，双渠道供应链中的制造商收益高于单一渠道中的制造商收益（见图 2-14）。

五 单位生产成本

供应链中制造商的主要支出是用于产品的制造和生产，因此，关注单位生产成本对渠道策略的影响是非常有必要的。直观地，如果单位生产成本较低，则制造商可以以较低的总成本生产出更多的产品，从而可以降低批发价格和产品销售价格以增加需求量、达到更高的收益水平；而当单位生产成本增加时，制造商的收益水平也会随之下降。通过将单位生产成本 c 作为控制变量，在 $c \in [3,8]$ 的范围内进行多周期计算实验，绘制双渠道供应链和单一渠道结构中制造商的收益变化曲线，如图 2-15 所示，并进一步得到结论 2.4。

结论 2.4 随着单位生产成本增加，双渠道供应链和单一渠道结

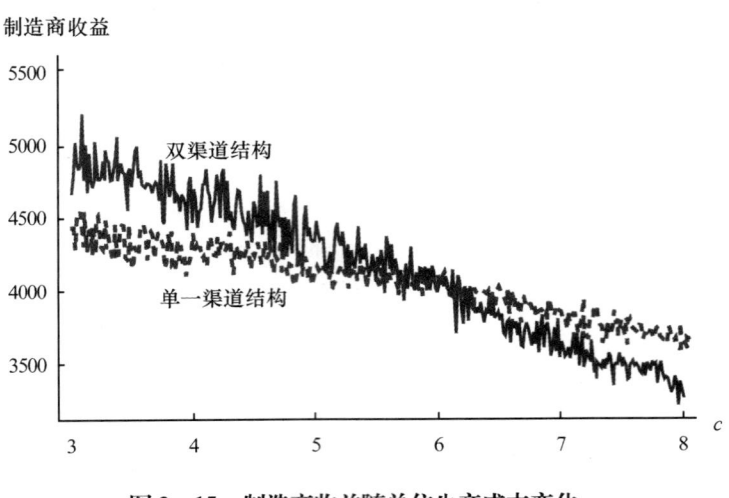

图 2-15 制造商收益随单位生产成本变化

构中的制造商收益都明显减少；如果单位生产成本很高，则制造商应该构建单一渠道供应链，否则，制造商从双渠道供应链中可以获得更高收益。

当单位生产成本较小时，制造商在双渠道供应链中的收益高于在单一渠道结构中的收益，因此，制造商有动机引入网络渠道。然而，随着单位生产成本增加，制造商的收益逐渐降低。当单位生产成本较高时，网络渠道中销售产品带来的微薄收入不足以支付渠道中开发和维护网站的成本，因此，网络渠道的入不敷出将使制造商放弃网络渠道，更倾向于构建单一渠道供应链。值得一提的是，Xiao、Choi 和 Cheng（2014）也研究了单位生产成本对于制造商构建双渠道供应链的动机的影响，其所得结论与本章结论 2.4 相一致，但本章使用的是计算实验研究方法，刻画的供应链模型更加贴近现实情景，而且所得的实验结果更加全面。另外，在 Xiao、Choi 和 Cheng（2014）的博弈模型中，零售商占据了与制造商的斯坦克伯格博弈中的主导地位，而在本章模型假设中，制造商是斯坦克伯格博弈中的领导者。由此可见，博弈模型中参与者的主导地位的改变不会影响结论 2.4 中包含的管理暗示。

第六节　扩展模型：竞争市场中新进企业的双渠道策略

基本模型研究了传统的两层供应链中制造商引入网络渠道的动机。在扩展模型中，考虑多条两层供应链互相竞争的市场环境，探究市场竞争影响下制造商构建双渠道供应链的动机。

一　扩展模型假设

假设市场中已有多个互相竞争、以单一渠道或双渠道结构运营的企业，另有一个新企业在进入市场时决策其双渠道策略。原市场中各企业的渠道结构会影响新进企业的最优决策。在考虑原市场中企业采取不同渠道策略的多种情景下，探究新进企业的最优决策。

假设原市场中共有 n 条互相竞争的供应链，其中的 αn 条供应链以双渠道结构运营，另外的 $(1-\alpha)n$ 条供应链为单一渠道结构。其中，$0 \leq \alpha \leq 1$，α 表示原市场中双渠道供应链的数量占市场中供应链总数的比例。新企业进入市场后，新市场中共有 $n+1$ 条供应链，同时面对同一消费者群体销售替代产品，而且每个消费者最多只能从市场中购买一件产品。具体来说，任意消费者 i 对于任意供应链 l 提供的产品的价值评价记为 $\beta_{il} V_i$。其中，β_{il} 是一个接近于 1 的随机数，用以表示同一个消费者对不同供应链提供的产品的价值评价相似但不完全相同。假设 $V_i \sim N(\mu_v, \sigma_v^2)$，与基本模型中的假设相一致，不同的消费者对产品的价值评价是互相独立的，并且整体服从正态分布。

消费者通过比较从不同渠道中购买产品时能够获得的效用，选择能够使自身效用最大化的购买途径。绘制新企业进入市场后 $n+1$ 条竞争供应链的经济结构，具体如图 2-16 所示。其中，制造商 $n+$

1 和零售商 $n+1$ 构成的两层供应链是作为研究对象的新进企业供应链；制造商 1 至制造商 αn 采用的是双渠道策略；另外的制造商 $\alpha n+1$ 至制造商 n 采用的是单一渠道策略。在市场竞争影响下，新进的制造商 $n+1$ 决策其渠道结构为单一渠道或者引入网络渠道构建双渠道供应链，并且制定最优的渠道价格。

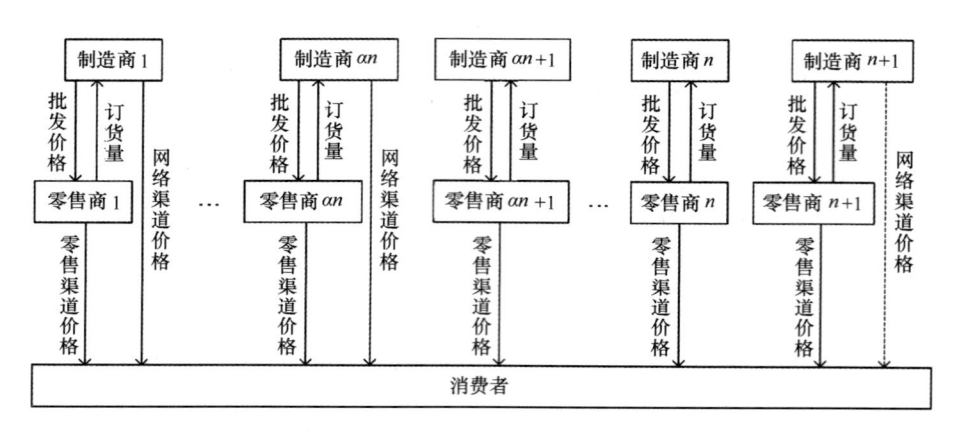

图 2-16　新市场中 $n+1$ 条竞争供应链的经济结构

新进企业进入市场后，$n+1$ 条供应链之间的博弈顺序如下所述。

（1）首先，在已知原市场中企业供应链的渠道结构的前提下，新进制造商 $n+1$ 决策采用单一渠道结构策略（使用 S 表示 Single - Channel）或者双渠道结构策略（使用 D 表示 Dual - Channel）。

（2）所有供应链中的制造商都与其所在供应链中的零售商之间进行斯坦克伯格博弈，并且制造商为博弈中的领导者。如果任意供应链 l 中的制造商 l 采用的是策略 D，那么，制造商 l 需要首先制定产品的批发价格和网络渠道价格；如果制造商 l 采用的是策略 S，那么，制造商 l 需要首先制定产品的批发价格。包括制造商 $n+1$ 在内，新市场上所有的制造商同时做出决策。

（3）零售商 l 作为斯坦克伯格博弈中的跟随者，在得知制造商 l 的决策后，制定产品的订货量和零售渠道价格。包括零售商 $n+1$ 在内，新市场中所有的零售商同时决策。

任意的制造商 l 和零售商 l 的学习规则以及任意消费者 i 的购买行为与基本模型假设中的相一致，详见本章第三节。

在计算实验中进行供应链系统的初始化，设置系统中的默认参数值 $n = 2$，$\alpha = 0.5$，即原市场上共有两条供应链，其中一条供应链为双渠道结构，另一条供应链为单一渠道结构，研究第三条新进供应链中制造商的双渠道策略。设置每条供应链中零售商的初始订货量为 $Q = 200$，在每个计算实验周期内学习和调整订货量的单位变化量设置为初始值的百分之一数量级，即 $\Delta Q = 2$。另外，消费者 i 对供应链 l 中提供的产品的价值评价为 $\beta_{il}V_i$，其中，$\beta_{il} \sim U(0.8, 1.2)$ 是一个随机变量。计算实验中其他的决策变量的初始值和默认参数值的设置与基本模型计算实验中的设置相一致，详见本章第五节。通过在竞争环境中研究制造商的双渠道策略，能够对非竞争环境（基本模型）中所得结论的管理启示做定性的检验，同时可以得到更多新的管理启示。

二 计算实验结果与分析

首先，检验在竞争环境中根据制造商和零售商的学习规则是否能够达到供应链系统最终的稳定状态。如图 2-17 所示，在 100 个计算实验周期内，零售商逐渐学习和调整零售渠道价格，并最终达到稳定值。其他的决策变量以及供应链成员的收益也能够分别达到稳定值。

在竞争环境中，研究消费者对网络渠道的接受程度、异质消费者群体的差异性、市场不确定性以及单位生产成本对制造商收益和渠道结构策略的影响，分别得到相应的计算实验结果，绘制不同渠道结构下制造商的收益曲线如图 2-18 至图 2-21 所示，探究竞争环境中新进企业采取不同渠道结构策略的条件。

从图 2-18 至图 2-21 所展现的计算实验结果可以看出，市场竞争并没有改变制造商的双渠道策略。定性地来看，制造商仍然将

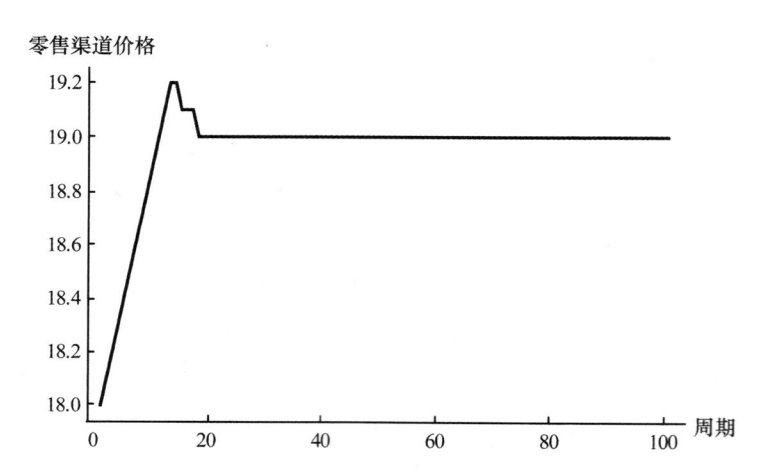

图 2-17　竞争环境中 100 个计算实验周期内零售渠道价格的学习过程

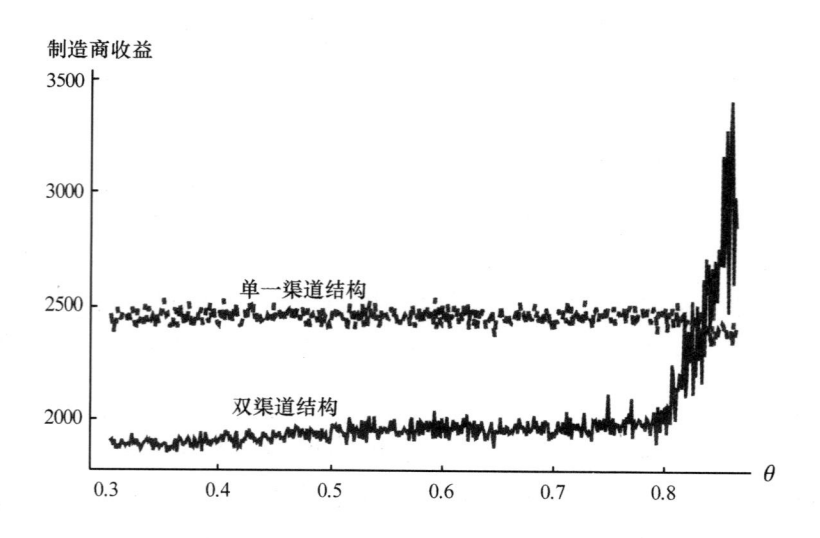

图 2-18　竞争环境中制造商收益随消费者对网络渠道接受程度变化

会在消费者对网络渠道接受程度较高、消费者对产品的价值评价趋于一致、市场不确定性较高以及单位生产成本较低时，有动机引入

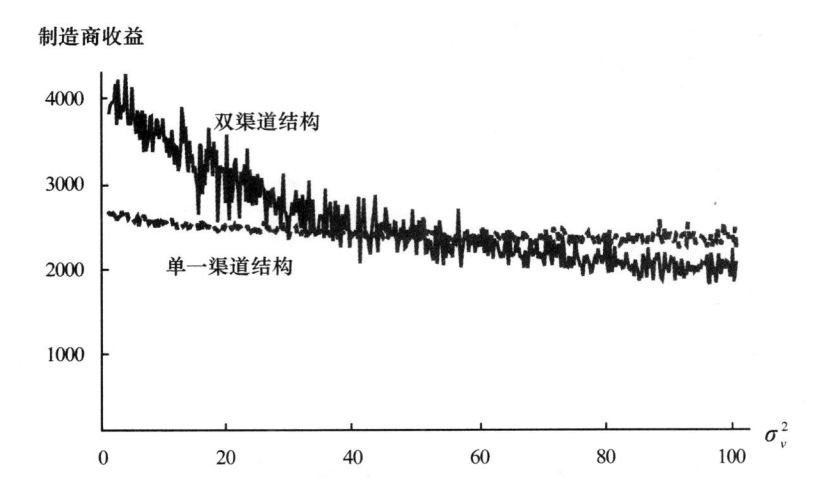

图 2-19 竞争环境中制造商收益随消费者对产品价值评价的差异性变化

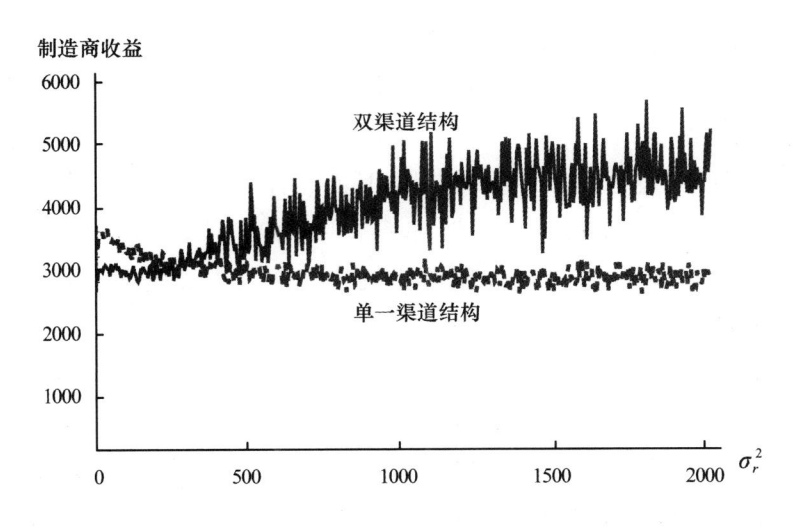

图 2-20 竞争环境中制造商收益随市场不确定性变化

网络渠道。但是，市场竞争将会改变新进企业构建双渠道供应链的动机的大小。

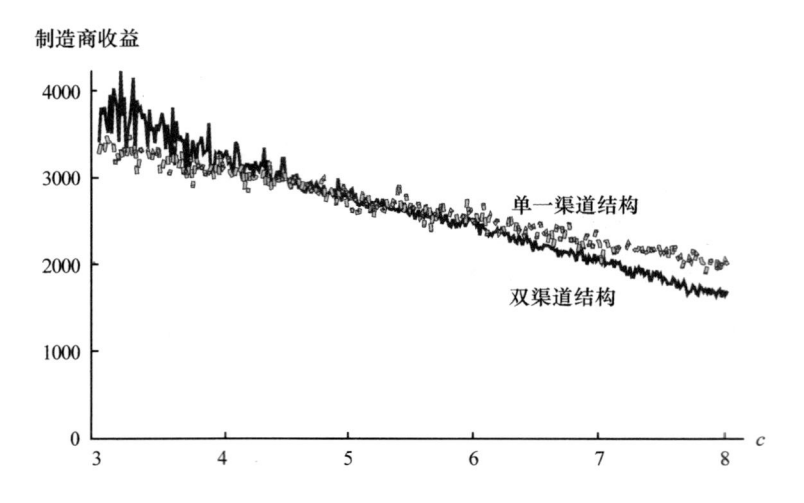

图 2-21　竞争环境中制造商收益随单位生产成本变化

下面改变原市场中双渠道供应链所占的比例 α，从而考虑三种不同的市场竞争环境，并比较三种竞争环境下新进企业采取双渠道策略的动机：

（1）竞争环境 1：α = 0，即原市场中的两条供应链均采取了单一渠道结构策略；

（2）竞争环境 2：α = 0.5，即原市场中有两条供应链，其中的一条采取了双渠道结构策略，另外一条采取了单一渠道结构策略；

（3）竞争环境 3：α = 1，即原市场中的两条供应链均采取了双渠道结构策略。

绘制三种竞争环境下新进制造商收益随着消费者对产品价值评价的差异性变化和市场不确定性变化的计算实验结果，分别如图 2-22 和图 2-23 所示。图中的纵坐标 $\pi_m^{D*} - \pi_m^{S*}$ 表示策略 D 下的制造商收益与策略 S 下的制造商收益之间的差值，即新进企业采取双渠道结构策略与单一渠道结构策略获得的收益的差值，从而反映出新进企业构建双渠道供应链的动机，$\pi_m^{D*} - \pi_m^{S*}$ 的值越大，新进企业越有动机构建双渠道供应链。分析图 2-22 和图 2-23，均可得到结论 2.5。

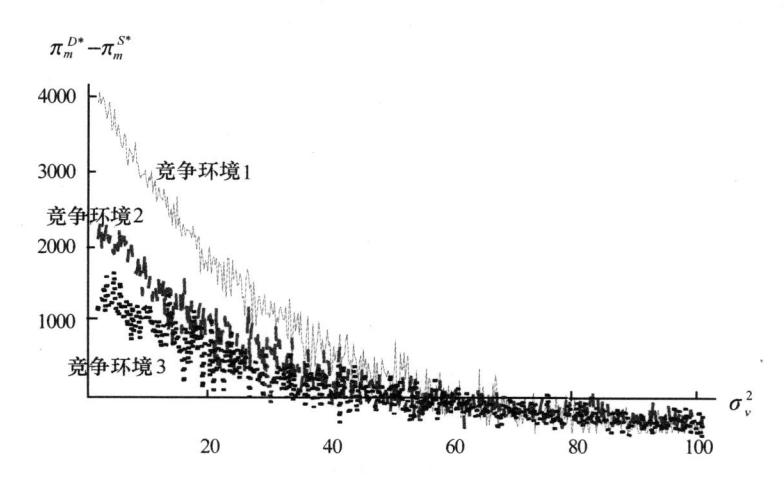

图 2-22　不同竞争环境中制造商收益的差值随产品价值评价的差异性变化

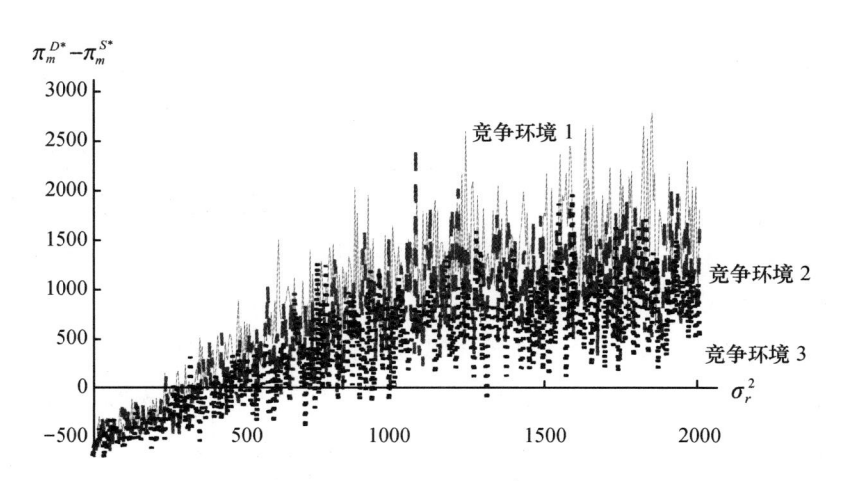

图 2-23　不同竞争环境中制造商收益的差值随市场不确定性变化

结论 2.5　当原市场中竞争的供应链均为单一渠道结构时，新进企业构建双渠道供应链的动机最大；随着原市场中双渠道供应链所占比例增加，新进企业构建双渠道供应链的动机逐渐减小。

从图 2-22 可以看出，在不同的竞争环境中，均可得到以下结论：新进制造商在消费者群体对产品的价值评价趋于一致时，有动机采取双渠道策略；而在消费者群体的差异性较大时，新进制造商倾向于采取单一渠道策略。另外，通过比较不同竞争环境中两种渠道结构策略下新进制造商收益的差值，可以发现，在竞争环境1中，$\pi_m^{D*} - \pi_m^{S*}$ 的值在 σ_v^2 较小时是最大的。也就是说，当消费者群体对产品的价值评价趋于一致时，如果原市场中竞争的供应链均为单一渠道结构，那么，新进制造商能够从双渠道结构策略中获益最多；随着原市场中竞争的双渠道供应链的数量占市场总供应链数量的比例增加，新进制造商仍然能够从引入网络渠道中获得收益，但是所获得的收益将会减少。

图2-23展示了三种原市场竞争环境下新进制造商收益随着市场不确定性变化的计算实验结果。可以发现，三种原市场竞争环境下均有以下结论：在市场不确定性影响较大时，新进制造商应该构建双渠道供应链，以获得更高收益。同时，从图2-23可以看出，竞争环境1中新进制造商能够从双渠道结构策略中获得最高收益。也就是说，当市场不确定性较大时，如果原市场中竞争的供应链均采取的是单一渠道策略，那么，新进制造商能够从双渠道结构策略中获益最多；随着原市场中竞争的双渠道供应链的数量所占市场总供应链数量的比例增加，新进制造商能够从双渠道结构策略中获得的收益逐渐减少。

下面通过改变原市场中互相竞争的供应链的数量，考虑三种不同的市场竞争程度。同时，设置 $\alpha = 1$，即原市场中互相竞争的均为双渠道供应链，从而研究竞争的双渠道供应链的数量对新进制造商引入网络渠道的动机的影响。另外，由于市场上的总需求量是固定的，当供应链的数量发生改变时，需要相对应地改变零售商的初始订货量及其订货量单位变化量的参数设置。

（1）竞争程度1：$n = 0$。此时的市场上只有作为研究对象的供应链，与基本模型中的实验参数设置相同，零售商的初始订货量为 $Q = 500$，订货量的单位变化量为 $\Delta Q = 5$。

（2）竞争程度 2：$n = 1$。此时，原市场中有一条双渠道供应链，新企业进入市场后，与该供应链存在竞争关系，新企业供应链结构待决策；设置两条供应链中的零售商的初始订货量均为 $Q = 300$，订货量的单位变化量为 $\Delta Q = 3$。

（3）竞争程度 3：$n = 2$。此时，原市场中已有两条互相竞争的双渠道供应链，新企业进入市场后，新市场中的三条供应链存在竞争关系，新企业供应链结构待决策；设置三条供应链中的零售商的初始订货量均为 $Q = 200$，订货量的单位变化量为 $\Delta Q = 2$。

绘制三种市场竞争程度下制造商收益随着市场不确定性变化的计算实验结果，如图 2 - 24 所示，并且得到结论 2.6。

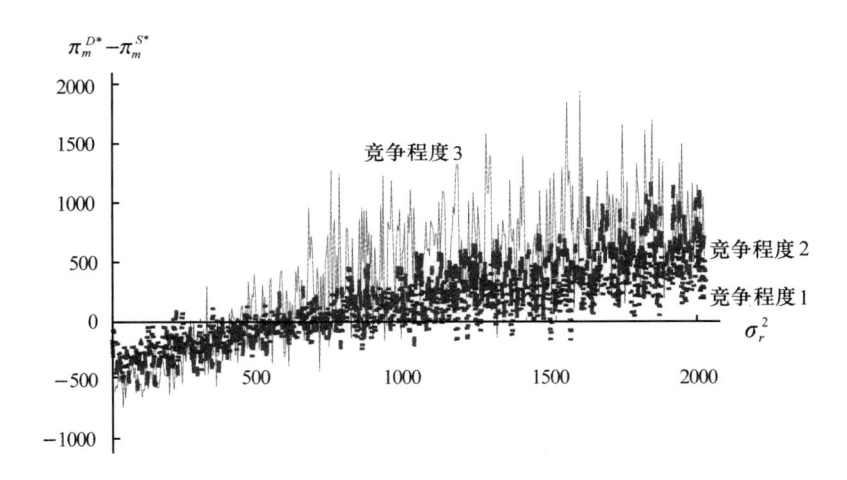

图 2 - 24　不同市场竞争程度下制造商收益的差值随市场不确定性变化

结论 2.6　市场竞争程度越大，制造商越有动机采取双渠道结构策略。

从图 2 - 24 可以看出，当市场不确定性比较低的时候，不同竞争程度下的制造商都能够从单一渠道策略中获得更高的收益；而当市场不确定性较高时，不同竞争程度下的制造商应该构建双渠道供应链以增加收益。竞争程度 3 的情景中，市场上存在三条互相竞争的供应链，与竞争程度 1 和竞争程度 2 的情景相比，其竞争程度更加激烈。从图 2-24 可以看出，在竞争程度 3 的情景中，$\pi_m^{D*} - \pi_m^{S*}$ 的值是最大的。也就是说，当市场竞争越激烈的时候，制造商越能够从双渠道策略中获得更高收益，因此，越有动机采取双渠道结构策略。

第七节　本章小结

网络技术的飞速发展带动了电子商务的普及，如今，越来越多的企业青睐于传统零售渠道和网络渠道共同构成的双渠道供应链，与此同时，双渠道结构中的渠道冲突问题不容忽视，因此，双渠道供应链中的决策和管理问题变得尤为重要。本章基于多代理的思想，将供应链成员和市场中的异质消费者抽象为供应链系统中的代理。在所构建的计算实验模型中刻画多个周期内多个代理之间的交互作用，分析供应链成员的决策变量和收益的变化，研究制造商构建双渠道供应链的动机。实验结果表明：（1）只有当消费者对网络渠道接受程度较高时，才适合构建双渠道供应链；（2）消费者对产品价值评价趋于一致时，制造商有动机构建双渠道供应链，而当异质消费者群体的差异性较大时，制造商收益降低且倾向于单一渠道供应链；（3）当市场不确定性对需求预测产生的影响较大时，网络渠道的存在能够分担不确定性带来的负面影响，从而提高制造商收益；（4）当单位生产成本不太大时，制造商有动机构建双渠道供应链。这些结论对现实情境中制造商制定双渠道策略具有一定的管理启示。

进一步，在扩展模型中考虑了市场竞争对于制造商的双渠道策略的影响，并且发现：（1）定性地看，竞争的市场环境不会改变基本模型中所得到的管理启示；（2）当原市场上互相竞争的供应链均采取的是单一渠道策略时，新进的制造商能够从双渠道策略中获得最高收益，随着市场上与之竞争的双渠道供应链数量增加，双渠道策略能够带来的收益逐渐减少；（3）当市场上的竞争程度越大时，制造商越有动机构建双渠道供应链。

网络渠道的产品销售过程中具有与零售渠道中不相同的一些特性，比如产品的配送问题、更高概率的退货问题等。因此，在研究企业的双渠道策略时，需要更加详细地刻画网络渠道中产品销售的特性，使模型更加贴近现实情景。比如，在产品从商家配送到消费者的过程中将会产生成本，根据消费者所在的物理位置不同，所产生的配送费用不尽相同。消费者在抉择购买途径时，需要考虑物理距离造成的旅行成本，同时，供应链成员定价时也会考虑到配送成本带来的影响。因此，本章相关内容在接下来的研究中，可以考虑配送过程中产生的费用问题，以及产品配送时的提前期问题和运输过程中可能产生的不确定性损失，使得模型更加贴近现实情景。另外，可以在双渠道供应链中考虑逆向物流，例如，利用网络渠道运营成本低的特性，在网络渠道中提供再制造产品，也是一个有意义的研究方向。

第 三 章

策略型消费者影响下的渠道结构管理

季节性产品的价值随着时间下降很快,因此,在季节性产品的销售过程中,企业倾向于推出打折促销活动,以促进产品在价值下降过多之前销售出去。然而,市场上存在策略型消费者,他们能够有意识地延迟购买时间、等待产品促销。显然,这种策略等待行为不利于企业在正价阶段销售产品,从而影响了企业收益。那么,在面对策略型消费者的情况下,企业应该如何销售季节性产品,这是本章关注的研究内容。与策略型消费者相对的是短视型消费者。短视型消费者会直接购买产品或者离开市场,而不会等待。以往的只考虑短视型消费者的研究表明,渠道结构分散化将会降低供应链的整体绩效。本章通过计算实验与博弈论相结合的研究方法,模拟供应链成员之间的博弈关系和交互作用行为以及多个周期的学习过程,探究当市场上存在策略型消费者时,渠道分散化将会如何影响供应链成员决策、收益和供应链的整体绩效。

第一节　问题背景

消费者行为影响市场需求,并进一步影响企业的决策和收益。为了吸引价格敏感的消费者以扩大市场、提高竞争力,企业在产品的正价销售阶段之后增加促销阶段。同时,以低价处理正价销售阶段没有卖掉的产品,也可以降低企业损失。然而,市场上存在策略型消费者,他们有可能在正价销售阶段选择等待,将购买行为延迟到产品促销阶段,并最终以较低的促销价格购买产品。如此,市场上以正价购买产品的消费者数量大幅度减少,这将会严重损害企业收益。这样的结果违背了企业打折促销的初衷。许多快销时装品牌,比如 Zara、H&M、Mango、Adidas 和 Benetton,都已经投入大量资金来应对策略型消费者的延迟购买行为(Cachon and Swinney, 2009; Cachon and Swinney, 2011; Yang et al., 2015)。以 Zara 为例,通过将供应链尽可能地缩短,达到对市场的快速响应;以限制库存引导消费者在正价阶段购买产品。

本章的研究模型建立在经典的报童模型的基础上,通过最优化价格和订货量达到供应链成员收益的最大化。考虑到消费者的策略性等待行为将会影响市场需求,进一步影响供应链成员收益,传统的订货和定价策略不一定适用于市场中存在策略型消费者的情景。

渠道结构策略对于供应链管理而言是至关重要的。传统观点认为渠道分散化将会降低供应链的整体绩效,一个能够避免绩效降低的有效策略是将供应链纵向集中化管理(Spengler, 1950)。比如,Zara 就是纵向集中化管理供应链的典型成功企业(Cachon and Swinney, 2009; Yang et al., 2015; Liang et al., 2014)。但是,服装产业中更多的企业选择将产品外包给生产成本较低的地区,从而实现供应链分散化。同时,近年来的一些相关研究成果表明,在一定条件下,渠道分散化能够提高供应链绩效(Su and Zhang, 2008; Desai et al., 2004; Martin – Herran and Taboubi, 2015)。由于消费者的策略性等待行为日益普遍存在,探究其对供应链渠道结构(分散化)策略和定价、订货决策的影响,具有重大的现实意义。

供应链处于高度动态和不确定环境中,因此,使用计算实验和博弈论相结合的研究方法,刻画供应链系统中成员之间的博弈关系和交互作用,进而研究策略型消费者影响下的渠道结构策略和定价、订货决策。供应链中的制造商和零售商是决策者,具有学习能力。在多周期的计算实验中,制造商学习和决策单位批发价格,零售商学习和决策订货量以及两个销售阶段的产品零售价格。通过比较集中型供应链和分散型供应链中成员的决策变量和收益水平的变化,探究策略型消费者的延迟购买行为和供应链渠道结构分散化策略之间的相互影响。

第二节 模型框架

构建分散型供应链模型,模型中包括一个制造商、一个零售商和 N 个策略型消费者。异质的消费者对产品具有不同的价值评价,使用 v_i 表示,其中 $i = 1,2,\cdots,N$ 代表任意的消费者 i。设置消费者对于产品的价值评价为私有信息,即只有自己知道,而市场上其他的消费者和供应链成员不知道。假设不同消费者对产品的价值评价 v_i 是互相独立的,并且整体服从截尾的正态分布(Feng et al., 2013; Ruiz - Benitez and Muriel, 2014)。其中,正态分布的均值为 μ_v,方差为 σ_v^2,截尾区间是 $(0, 2\mu_v)$。

产品的整个销售期被分为两个阶段:阶段 I 是正价销售阶段,销售价格记为 p;阶段 II 是降价促销阶段,促销价格记为 s。根据 Su 和 Zhang(2008)与 Cachon 和 Swinney(2011),假设促销价格 s 低于单位生产成本 c,即 $s < c$,从而能够保证集中型供应链中的制造商生产有限数量的产品。另外,在分散型供应链中,零售商根据库存量销售产品。因此,无论在集中型供应链还是分散型供应链中,策略型消费者的延迟购买行为都需要承担一定的缺货风险。阶段 II 中消费者对产品的价值评价记为 βv_i,其中 $0 < \beta < 1$(Li and Zhang, 2013; Liang et al., 2014; Parlakturk, 2012)。β 被称作阶段 II 的产品剩余价值因子,β 的值越大说明阶段 II 中产品的剩余价值越大,也反映出消费者对时间的敏感度比较低,消费者具有强

烈的延迟购买意愿。β 是供应链成员的共同知识，并且假设所有的消费者具有相同的 β。

在多周期计算实验中，每个周期内都包括两个阶段的产品销售。共有 T 个计算实验周期，以第 j 个周期（$j = 1,2,\cdots,T$）为例，详细描述计算实验中消费者和供应链成员的学习规则。使用上标 D 来代表分散型供应链的情况。制造商的决策变量为单位批发价格 w_j^D，零售商的决策变量包括订货量 q_j^D 和阶段 I 的零售价格 p_j^D。另外，首先考虑阶段 II 的产品促销价格 s 为外生变量的情况。进一步，将会在本章第四节的计算实验分析中，考虑促销价格的内生化，并研究内生的促销价格带来的影响。分散型供应链的结构如图 3-1 所示，在第 j 周期内，供应链成员的博弈顺序描述如下：

（1）制造商作为博弈关系中的领导者，首先决策单位批发价格 w_j^D，以最大化自身收益，并将 w_j^D 告知零售商；

（2）作为跟随者的零售商在得知 w_j^D 后，决策产品的订货量 q_j^D 和阶段 I 的产品销售价格 p_j^D，并将 q_j^D 告知制造商，将 p_j^D 告知市场上的所有消费者。

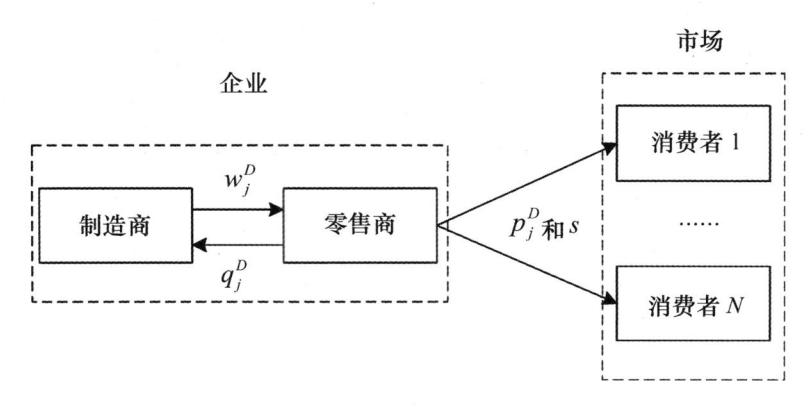

图 3-1 分散型供应链在第 j 周期的市场结构

特别地，周期 0 是供应链系统进行初始化的初始周期，初始的

决策变量值为 w_0^D、q_0^D 和 p_0^D。系统初始化之后，供应链成员根据历史数据预测决策变量，并且根据制定的学习规则，在多个周期的计算实验中学习和优化决策，以达到自身收益最大化。

第三节 计算实验学习规则

制造商基于收益最大化的原则决策 w_j^D。在计算制造商收益时，需要知道 q_j^D 和 p_j^D 的值。然而，零售商关于 q_j^D 和 p_j^D 的决策是在得知 w_j^D 之后进行的。因此，制造商在决策 w_j^D 的时候，需要根据历史周期中的历史数据预测本周期中零售商关于 q_j^D 和 p_j^D 的决策。本章中使用符号"^"来表示预测值，比如，$\hat{q}_j^D$ 表示第 j 周期中的预测订货量。

一 消费者

消费者基于效用最大化的原则决策"是否"和"何时"购买产品。每个消费者最多只能够购买一件产品。只有当消费者从购买行为中获得的效用大于零时，才会购买该产品。消费者的购买行为受到零售商的决策变量 q_j^D 和 p_j^D 的影响。因此，将阶段 I 和阶段 II 的需求量分别表示为 $d_{\mathrm{I}(j)}^D(q_j^D,p_j^D)$ 和 $d_{\mathrm{II}(j)}^D(q_j^D,p_j^D)$。消费者的延迟购买行为受到阶段 I 的价格 p_j^D 的影响，将延迟购买产品的消费者数量记为 $n_j^D(p_j^D)$。那么，阶段 II 的需求量可以表示为：

$$d_{\mathrm{II}(j)}^D(q_j^D,p_j^D) = \min\{q_j^D - d_{\mathrm{I}(j)}^D(q_j^D,p_j^D), n_j^D(p_j^D)\}$$

在此引入参数：

$$\xi_j^D = \frac{d_{\mathrm{II}(j)}^D(q_j^D,p_j^D)}{n_j^D(p_j^D)} \quad (3-1)$$

用来表示延迟购买的消费者在阶段 II 中可能获得产品的概率（Liu and Van Ryzin, 2008; Su and Zhang, 2008; Ozer and Zheng, 2016）。

然而，只有当阶段Ⅱ的需求实现之后，ξ_j^D 才是供应链中的公共知识。也就是说，当消费者在第 j 周期决策"立即购买"或者"等待"的时候，ξ_j^D 是未知的。由于历史数据 ξ_{j-1}^D 和 ξ_{j-2}^D 已经是公共知识，可以通过 ξ_{j-1}^D 和 ξ_{j-2}^D 来预测第 j 周期中阶段Ⅱ可能获得产品的概率。使用 $\hat{\xi}_j^D$ 来标识第 j 周期中产品可获概率的预测值，并且假设 $\hat{\xi}_j^D = (\xi_{j-1}^D + \xi_{j-2}^D)/2$。特别地，$\hat{\xi}_1^D = \xi_0^D$，其中，$\xi_0^D$ 是产品可获概率在初始化系统时设置的默认参数值。

任意的消费者 i 在第 j 周期从阶段Ⅰ购买产品时可以获得的效用为：

$$u_{\mathrm{I}(ij)}^D = v_i - p_j^D \quad (3-2)$$

该消费者预测的从阶段Ⅱ购买产品时可以获得的效用为：

$$\hat{u}_{\mathrm{II}(ij)}^D = \hat{\xi}_j^D (\beta v_i - s) \quad (3-3)$$

图 3-2 描述了消费者 i 在第 j 个周期中购买产品的决策过程。

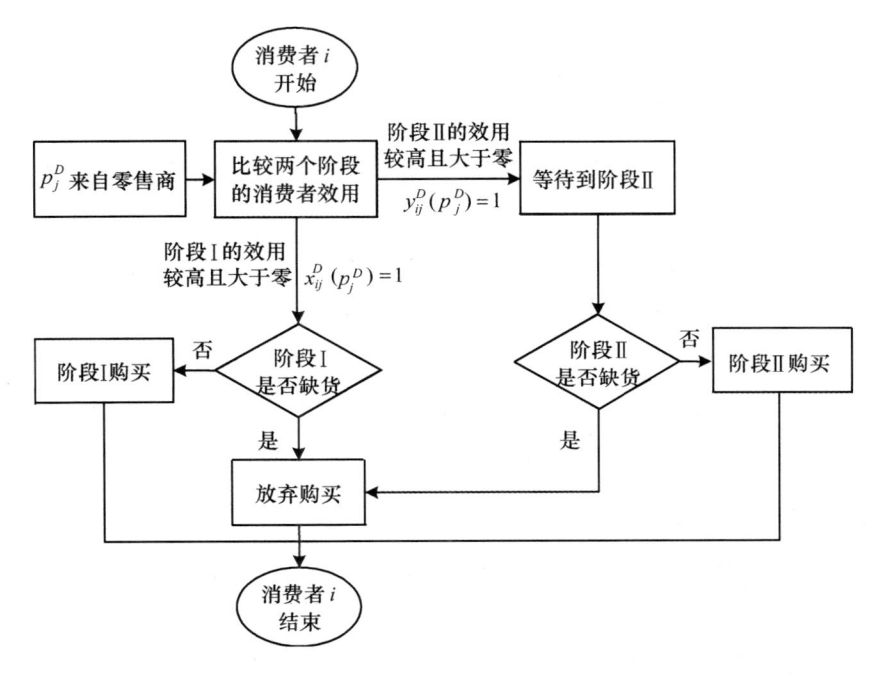

图 3-2 消费者 i 在第 j 周期的购买决策

图 3-2 中有两个 0—1 变量 $x_{ij}^D(p_j^D)$ 和 $y_{ij}^D(p_j^D)$，分别用来记录消费者 i 在第 j 周期的阶段 I 和阶段 II 中的购买行为。具体来说，若阶段 I 中的消费者效用不小于阶段 II 中的预测消费者效用并且大于零，即 $u_{I(ij)}^D \geq \hat{u}_{II(ij)}^D$ 且 $u_{I(ij)}^D > 0$，则 $x_{ij}^D(p_j^D) = 1$，表示想要在阶段 I 购买产品；否则 $x_{ij}^D(p_j^D) = 0$，表示不会在阶段 I 购买产品。那么，阶段 I 的需求可以表示为：

$$d_{I(j)}^D(q_j^D, p_j^D) = \min\left\{q_j^D, \sum_{i=1}^N x_{ij}^D(p_j^D)\right\} \qquad (3-4)$$

同理，若阶段 II 中的预测消费者效用大于阶段 I 中的消费者效用而且大于零，即 $\hat{u}_{II(ij)}^D > u_{I(ij)}^D$ 且 $\hat{u}_{II(ij)}^D > 0$，则 $y_{ij}^D(p_j^D) = 1$，表示想要在阶段 II 购买产品；否则 $y_{ij}^D(p_j^D) = 0$，表示不会在阶段 II 购买产品。那么，可以将等待到阶段 II 的消费者数量表示为：

$$n_j^D(p_j^D) = \sum_{i=1}^N y_{ij}^D(p_j^D) \qquad (3-5)$$

进一步，阶段 II 中的需求量为：

$$d_{II(j)}^D(q_j^D, p_j^D) = \min\left\{q_j^D - d_{I(j)}^D(q_j^D, p_j^D), \sum_{i=1}^N y_{ij}^D(p_j^D)\right\} \quad (3-6)$$

两个阶段的需求都实现之后，如果还有没有卖掉的产品，即过剩的产品，零售商将会在外生的二手市场将其处理掉。单位过剩产品的处理价格为 r，而且 $r < s < c$。制造商的收益函数表示为：

$$\pi_{M(j)}^D(w_j^D) = (w_j^D - c)q_j^D \qquad (3-7)$$

零售商的收益函数为：

$$\pi_{R(j)}^D(q_j^D, p_j^D) = p_j^D d_{I(j)}^D(q_j^D, p_j^D) + s d_{II(j)}^D(q_j^D, p_j^D) - w_j^D q_j^D + r\max\{0, q_j^D - d_{I(j)}^D(q_j^D, p_j^D) - d_{II(j)}^D(q_j^D, p_j^D)\} \qquad (3-8)$$

整个分散型供应链的总收益为：

$$\pi_j^D(w_j^D, q_j^D, p_j^D) = \pi_{M(j)}^D(w_j^D) + \pi_{R(j)}^D(q_j^D, p_j^D) \qquad (3-9)$$

另外，构建集中型供应链作为模型基准，通过与分散型供应链中的决策变量和收益水平进行比较，研究渠道结构分散化对于供应链绩效的影响。使用上标 C 来表示集中型供应链的情况。制造商是集中型供应链中的决策者，同时决策产品的生产量 q_j^C 和销售价格 p_j^C，以达到整个供应链收益的最大化。集中型供应链中消费者的决策过程和分散型供应链中描述的相同。集中型供应链在第 j 个周期的收益函数表示为：

$$\pi_j^C(q_j^C, p_j^C) = p_j^C d_{\mathrm{I}(j)}^C(q_j^C, p_j^C) + s d_{\mathrm{II}(j)}^C(q_j^C, p_j^C) - c q_j^C + r \max\{0, q_j^C - d_{\mathrm{I}(j)}^C(q_j^C, p_j^C) - d_{\mathrm{II}(j)}^C(q_j^C, p_j^C)\} \quad (3-10)$$

二 决策者

决策者包括供应链系统中的制造商和零售商。每个周期内，决策者以实验中的历史数据为依据，预测本周期的决策变量，然后遵循计算实验中供应链成员关于决策变量的学习规则，对预测的决策变量进行调整。经过多个周期的学习和优化，最终得到调整后的决策变量值，以达到最优化本周期收益的目的。进一步，本周期的决策变量值将会成为接下来的计算实验周期中的历史数据。决策者的决策流程框架如图 3-3 所示。

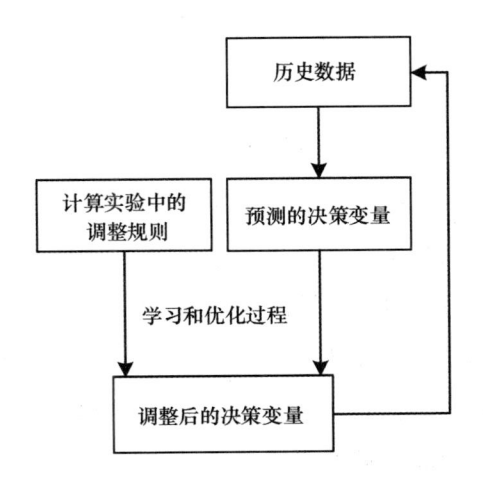

图 3-3 决策者的决策流程框架

制造商在决策第 j 周期的批发价格 w_j^D 时，需要同时考虑以下两个方面的影响：一方面，如果单位批发价格太低，接近单位生产成本 c，那么，制造商能够从生产和销售单位产品中获得的边际收益太低；另一方面，如果单位批发价格过高，那么，零售商将会由于无法承担高额的批发价格而降低产品的订货量，同时，零售商被迫提高产品的销售价格来维持边际收益，过高的产品销售价格将会导致市场需求降低，最终间接地造成了制造商的收益水平降低。由此可见，制造商收益是关于单位批发价格的单峰函数，如图 3-4 所示。

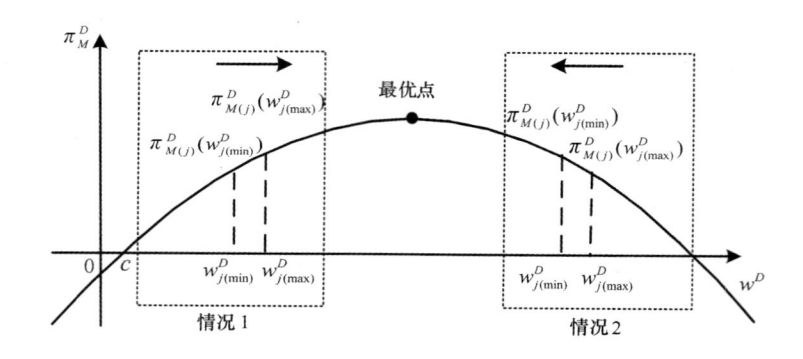

图 3-4　第 j 周期中关于批发价格的优化思想

将 w_{j-1}^D 和 w_{j-2}^D 中较小的值表示为 $w_{j(\min)}^D = \min\{w_{j-1}^D, w_{j-2}^D\}$，较大的值表示为 $w_{j(\max)}^D = \max\{w_{j-1}^D, w_{j-2}^D\}$。特别地，在第 1 周期中的单位批发价格的较小值表示为 $w_{1(\min)}^D = c$，较大值表示为 $w_{1(\max)}^D = w_0^D$。制造商拥有第 $j-1$ 周期的订货量信息，并且预测本周期的订货量与第 $j-1$ 周期中的订货量一致，即 $\hat{q}_j^D = q_{j-1}^D$。那么，分别将 $w_j^D = w_{j(\min)}^D$ 和 $w_j^D = w_{j(\max)}^D$，连同 $q_j^D = \hat{q}_j^D$ 代入制造商的收益函数式（3-7），可以分别得到相对应的制造商预测收益：

$$\pi_{M(j)}^D(w_{j(\min)}^D) = (w_{j(\min)}^D - c)q_{j-1}^D \qquad (3-11)$$

$$\pi_{M(j)}^D(w_{j(\max)}^D) = (w_{j(\max)}^D - c)q_{j-1}^D \qquad (3-12)$$

如图 3-4 所示，制造商通过决策批发价格，最大化自身收益。首先，定义批发价格在每个周期的单位变化量为 Δw，用来在多周期的计算实验中，逐渐逼近最优的批发价格。根据由不同的批发价格预测得到的制造商收益的大小关系，将调整批发价格的学习规则分为以下三种情况：

（1）情况 1：若 $\pi_{M(j)}^{D}(w_{j(\min)}^{D}) < \pi_{M(j)}^{D}(w_{j(\max)}^{D})$，则制造商制定第 j 周期的批发价格为 $w_j^D = w_{j(\max)}^D + \Delta w$；

（2）情况 2：若 $\pi_{M(j)}^{D}(w_{j(\min)}^{D}) > \pi_{M(j)}^{D}(w_{j(\max)}^{D})$，则第 j 周期的批发价格表示为 $w_j^D = w_{j(\min)}^D - \Delta w$；

（3）否则，第 j 周期的批发价格为 $w_j^D = w_{j-1}^D$。

其中，Δw 足够小，从而可以经过多周期计算实验后，制造商的收益最终逼近最大值，即图 3-4 所示的最优点。

将制造商在第 j 周期中关于批发价格的学习规则绘制如图 3-5 中所示。

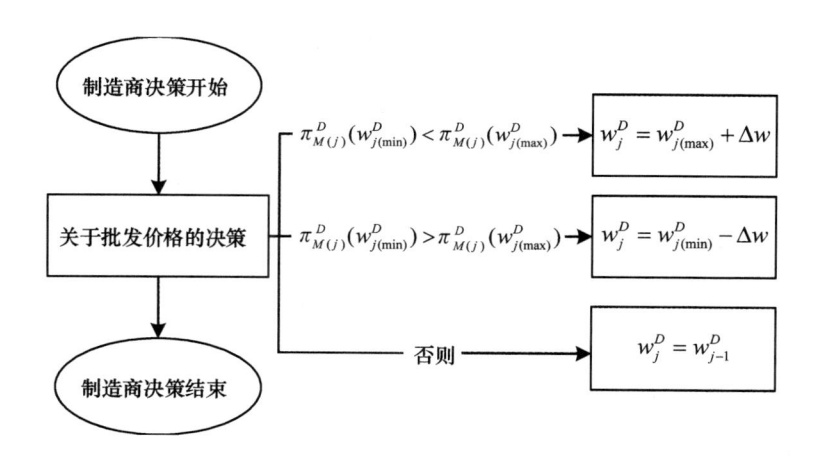

图 3-5 制造商在第 j 周期的学习规则

零售商在多周期计算实验中学习和决策产品的订购量和阶段 I 中产品的销售价格。首先，零售商根据历史信息，按照第 $j-1$ 周期中产品的销售价格预测本周期的产品销售价格维持不变，即 $\hat{p}_j^D = p_{j-1}^D$，然后，根据自身收益最大化的原则对预测的产品销售价格进行调整。零售商的收益函数是关于订货量的单峰函数，具体来说，当零售商的订货量不足、无法满足市场需求时，零售商的收益水平将会因为缺货而降低；相反地，过大的订货量会导致过多的产品剩余，由于处理过剩产品时获得的收益远小于订购等量产品时花费的成本，因此，过多的产品剩余将会导致零售商收益降低。

零售商调整预测订货量的规则与制造商调整预测批发价格时遵循的学习规则相类似。首先，根据第 $j-2$ 周期和第 $j-1$ 周期的历史数据，找到较小的订货量 $q_{j(\min)}^D = \min\{q_{j-1}^D, q_{j-2}^D\}$ 和较大的订货量 $q_{j(\max)}^D = \max\{q_{j-1}^D, q_{j-2}^D\}$，然后，分别将 $q_j^D = q_{j(\min)}^D$ 和 $q_j^D = q_{j(\max)}^D$，连同 $p_j^D = \hat{p}_j^D$ 代入零售商的收益函数式（3-8），得到零售商的预测收益：

$$\pi_{R(j)}^D(q_{j(\min)}^D, p_{j-1}^D) = p_{j-1}^D d_{\mathrm{I}(j)}^D(q_{j(\min)}^D, p_{j-1}^D) + s d_{\mathrm{II}(j)}^D(q_{j(\min)}^D, p_{j-1}^D) - w_j^D q_{j(\min)}^D + r\max\{0, q_{j(\min)}^D - d_{\mathrm{I}(j)}^D(q_{j(\min)}^D, p_{j-1}^D) - d_{\mathrm{II}(j)}^D(q_{j(\min)}^D, p_{j-1}^D)\} \quad (3-13)$$

$$\pi_{R(j)}^D(q_{j(\max)}^D, p_{j-1}^D) = p_{j-1}^D d_{\mathrm{I}(j)}^D(q_{j(\max)}^D, p_{j-1}^D) + s d_{\mathrm{II}(j)}^D(q_{j(\max)}^D, p_{j-1}^D) - w_j^D q_{j(\max)}^D + r\max\{0, q_{j(\max)}^D - d_{\mathrm{I}(j)}^D(q_{j(\max)}^D, p_{j-1}^D) - d_{\mathrm{II}(j)}^D(q_{j(\max)}^D, p_{j-1}^D)\} \quad (3-14)$$

其中，特别地，第 1 周期中的订货量的较小值表示为 $q_{1(\min)}^D = 0$，较大值表示为 $q_{1(\max)}^D = q_0$。

当零售商按照较小的订货量订购产品时，结合阶段 I 的需求函数式（3-4）和阶段Ⅱ的需求函数式（3-6），可以得到零售商利润函数式（3-13）中两个阶段的预测需求：

$$d^D_{\mathrm{I}(j)}(q^D_{j(\min)}, p^D_{j-1}) = \min\left\{q^D_{j(\min)}, \sum_{i=1}^{N} x^D_{ij}(p^D_{j-1})\right\}$$

$$d^D_{\mathrm{II}(j)}(q^D_{j(\min)}, p^D_{j-1}) = \min\left\{q^D_{j(\min)} - d^D_{\mathrm{I}(j)}(q^D_{j(\min)}, p^D_{j-1}), \sum_{i=1}^{N} y^D_{ij}(p^D_{j-1})\right\}$$

同理，当零售商按照较大的订货量订购产品时，可以得到的零售商利润函数式（3-14）中两个阶段的预测需求：

$$d^D_{\mathrm{I}(j)}(q^D_{j(\max)}, p^D_{j-1}) = \min\left\{q^D_{j(\max)}, \sum_{i=1}^{N} x^D_{ij}(p^D_{j-1})\right\}$$

$$d^D_{\mathrm{II}(j)}(q^D_{j(\max)}, p^D_{j-1}) = \min\left\{q^D_{j(\max)} - d^D_{\mathrm{I}(j)}(q^D_{j(\max)}, p^D_{j-1}), \sum_{i=1}^{N} y^D_{ij}(p^D_{j-1})\right\}$$

将每个周期中订货量的单位变化量表示为 Δq，则关于第 j 周期的订货量 q^D_j 的学习规则如下：

（1）若 $\pi^D_{R(j)}(q^D_{j(\min)}, p^D_{j-1}) < \pi^D_{R(j)}(q^D_{j(\max)}, p^D_{j-1})$，则零售商制定第 j 周期的订货量为 $q^D_j = q^D_{j(\max)} + \Delta q$；

（2）若 $\pi^D_{R(j)}(q^D_{j(\min)}, p^D_{j-1}) > \pi^D_{R(j)}(q^D_{j(\max)}, p^D_{j-1})$，则第 j 周期订货量为 $q^D_j = q^D_{j(\min)} - \Delta q$；

（3）否则，第 j 周期的订货量为 $q^D_j = q^D_{j-1}$。

当零售商决策第 j 周期中阶段Ⅰ的产品销售价格时，首先在第 $j-2$ 周期和第 $j-1$ 周期的历史数据中找到较大的产品销售价格 $p^D_{j(\max)} = \max\{p^D_{j-1}, p^D_{j-2}\}$ 和较小的产品销售价格 $p^D_{j(\min)} = \min\{p^D_{j-1}, p^D_{j-2}\}$。特别地，第 1 周期中产品销售价格的较小值表示为 $p^D_{1(\min)} = w^D_0$，较大值表示为 $p^D_{1(\max)} = p^D_0$。分别将 $p^D_j = p^D_{j(\min)}$ 和 $p^D_j = p^D_{j(\max)}$，连同已经决策的第 j 周期的产品订货量 q^D_j，代入零售商的收益函数式（3-8），分别得到相对应的零售商的预测收益：

$$\pi^D_{R(j)}(q^D_j, p^D_{j(\min)}) = p^D_{j(\min)} d^D_{\mathrm{I}(j)}(q^D_j, p^D_{j(\min)}) + \\ sd^D_{\mathrm{II}(j)}(q^D_j, p^D_{j(\min)}) - w^D_j q^D_j + \\ r\max\{0, q^D_j - d^D_{\mathrm{I}(j)}(q^D_j, p^D_{j(\min)}) -$$

$$d_{\mathrm{II}(j)}^{D}(q_{j}^{D}, p_{j(\min)}^{D})\} \tag{3-15}$$

$$\begin{aligned}\pi_{R(j)}^{D}(q_{j}^{D}, p_{j(\max)}^{D}) = & p_{j(\max)}^{D} d_{\mathrm{I}(j)}^{D}(q_{j}^{D}, p_{j(\max)}^{D}) + \\ & sd_{\mathrm{II}(j)}^{D}(q_{j}^{D}, p_{j(\max)}^{D}) - w_{j}^{D} q_{j}^{D} + \\ & r\max\{0, q_{j}^{D} - d_{\mathrm{I}(j)}^{D}(q_{j}^{D}, p_{j(\max)}^{D}) - \\ & d_{\mathrm{II}(j)}^{D}(q_{j}^{D}, p_{j(\max)}^{D})\}\end{aligned} \tag{3-16}$$

如果零售商制定较小的产品销售价格,则结合阶段Ⅰ的需求函数式(3-4)和阶段Ⅱ的需求函数式(3-6),能够得到零售商利润函数式(3-15)中两个阶段的预测需求:

$$d_{\mathrm{I}(j)}^{D}(q_{j}^{D}, p_{j(\min)}^{D}) = \min\left\{q_{j}^{D}, \sum_{i=1}^{N} x_{ij}^{D}(p_{j(\min)}^{D})\right\}$$

$$d_{\mathrm{II}(j)}^{D}(q_{j}^{D}, p_{j(\min)}^{D}) = \min\left\{q_{j}^{D} - d_{\mathrm{I}(j)}^{D}(q_{j}^{D}, p_{j(\min)}^{D}), \sum_{i=1}^{N} y_{ij}^{D}(p_{j(\min)}^{D})\right\}$$

同理,如果零售商制定较大的产品销售价格,则能够得到零售商利润函数式(3-16)中两个阶段的预测需求量:

$$d_{\mathrm{I}(j)}^{D}(q_{j}^{D}, p_{j(\max)}^{D}) = \min\left\{q_{j}^{D}, \sum_{i=1}^{N} x_{ij}^{D}(p_{j(\max)}^{D})\right\}$$

$$d_{\mathrm{II}(j)}^{D}(q_{j}^{D}, p_{j(\max)}^{D}) = \min\left\{q_{j}^{D} - d_{\mathrm{I}(j)}^{D}(q_{j}^{D}, p_{j(\max)}^{D}), \sum_{i=1}^{N} y_{ij}^{D}(p_{j(\max)}^{D})\right\}$$

每个周期内产品销售价格的单位变化量表示为 Δp,关于第 j 周期中阶段Ⅰ的产品销售价格 p_j^D 的学习规则如下所述:

(1) 若 $\pi_{R(j)}^{D}(q_{j}^{D}, p_{j(\min)}^{D}) < \pi_{R(j)}^{D}(q_{j}^{D}, p_{j(\max)}^{D})$,则零售商制定第 j 周期中阶段Ⅰ的产品销售价格为 $p_j^D = p_{j(\max)}^D + \Delta p$;

(2) 若 $\pi_{R(j)}^{D}(q_{j}^{D}, p_{j(\min)}^{D}) > \pi_{R(j)}^{D}(q_{j}^{D}, p_{j(\max)}^{D})$,则第 j 周期中阶段Ⅰ的产品销售价格为 $p_j^D = p_{j(\min)}^D - \Delta p$;

(3) 否则,第 j 周期中阶段Ⅰ的产品销售价格为 $p_j^D = p_{j-1}^D$。

最后,零售商将订货量 q_j^D 告知制造商,并将销售价格 p_j^D 告知消费者。

零售商在第 j 周期中关于决策变量的学习规则绘制如图3-6所示。

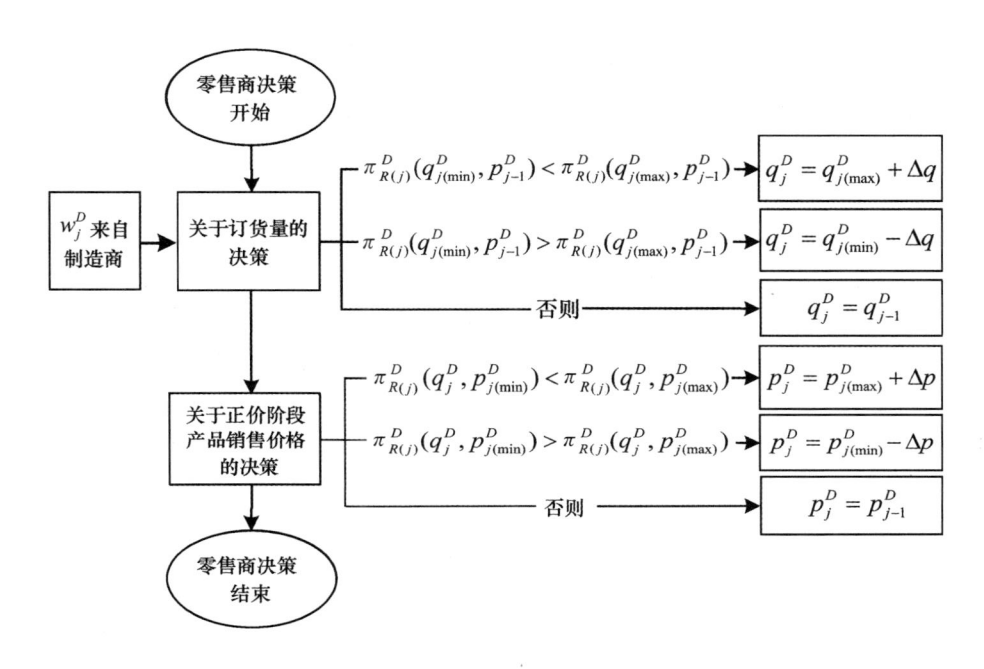

图 3-6 零售商在第 j 周期的学习规则

第 j 周期中零售商的决策变量 q_j^D 和 p_j^D 是基于制造商的决策变量 w_j^D 的；同时，零售商关于 q_j^D 的决策又会影响下个周期中制造商关于 w_{j+1}^D 的决策。在图 3-7 中展示了制造商和零售商在多周期计算实验中的交互作用。

系统初始化之后，每个决策者都以自身收益最大化为原则，各自独立地优化决策变量。同时，各个决策者的决策之间互相影响。比如，制造商通过增加批发价格获得更高的边际收益；然而，较高的批发价格将会迫使零售商降低订货量，如此便会间接降低制造商的收益。因此，制造商在决策单位批发价格时，需要考虑到与零售商之间在上下周期内的交互作用，在此基础上，遵循自身收益最大化的原则，最终经过多个周期的循环迭代，"涌现"出整个供应链系统的稳定状态，得到稳定状态中的最优决策和收益情况。

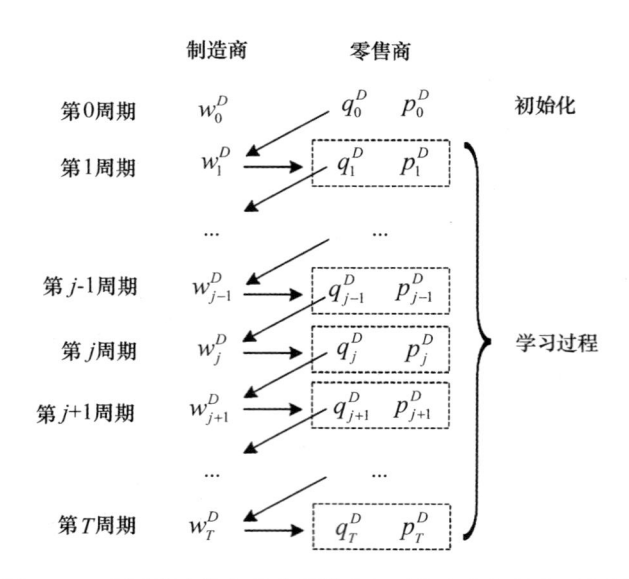

图 3-7 多周期计算实验中制造商与零售商之间的交互作用

第四节 计算实验结果与分析

计算实验的执行环境如下：标准的 ThinkPad 笔记本、微软 Windows 7 操作系统、Eclipse Java Neon 软件（Java 版本为 1.8.0_102）。将决策变量进行初始化：$w_0^D = 9$，$p_0^D = 15$ 和 $q_0^D = 200$。设置决策变量的单位变化量足够小，分别为 $\Delta w = w_0^D/90 = 0.1$、$\Delta p = p_0^D/150 = 0.1$ 和 $\Delta q = q_0^D/20 = 10$。其他参数的默认值分别设置如下：$T = 1000$，$c = 7$，$s = 6$，$r = 5$，$N = 300$，$\beta = 0.45$，$\mu_v = 18$，$\sigma_v^2 = 9$ 和 $\xi_0 = 0.7$。

总的计算实验周期数为 $T = 1000$。在这 1000 个计算实验周期内，决策者学习和优化决策变量，逐步逼近自身收益的最大化。最终，所有的决策变量和收益在多周期的计算实验中逐渐稳定波动在固定的足够小的范围之内。供应链成员的决策变量和收益有可能会存在小幅度的波动,是由决策的预测过程中无法避免的误差导致的。比如,市场上所有的消费者同时决策是否延迟购买产品,此时每个消费者都需要预测其他消费者的购买决策,从而预测阶段Ⅱ中产品的可获概率。然而,这个预测过程中异质的消费者决策之间互相影响,将会导致预测需求和实际需求之间产生差别。

图 3-8 展示了多周期计算实验中制造商关于批发价格的学习和优化过程。可以看出,从第 0 周期(初始化周期)到第 1000 周期,制造商不断调整批发价格,整个调整过程大致分为两个部分。第一个部分是从第 0 周期到 $t=80$ 周期,批发价格从默认初始值 $w_0^D=9$ 逐步调整到 $w_t^D=11.2$,这个调整过程内批发价格明显快速增加;第二个部分是从 $t=80$ 开始,直到第 1000 周期计算实验结束,批发价格在 $w_t^D=11.2$ 上下的小范围内稳定波动,波动幅度基本上在 0.5 以内。进一步,为了弱化预测过程中无法避免的误差造成的影响,将稳定波动的多个周期内的实验结果进行平均,以得到的平均数作为这 1000 个周期计算实验的学习和优化的结果值。以图 3-8 为例,批发价格从 $t=80$ 到第 1000 周期稳定波动,因此可以选择将第 500 周期到第 1000 周期的批发价格进行平均,将所得到的平均值作为制造商在该实验环境中学习和优化得到的批发价格。

一 阶段Ⅱ的产品剩余价值因子

阶段Ⅱ的产品剩余价值因子 β 越大,说明阶段Ⅱ获得的产品带来的消费者效用越高,因此消费者具有强烈的延迟购买意愿。消费者愿意花费更多的时间等待阶段Ⅱ,也说明了消费者对时间的敏感程度较低。所以,换句话说,β 越大,反映出消费者对时间的敏感程度越低。通过调节 β 的值,可以研究消费者的时间敏感程度这一特性对于市场需求、企业决策和收益的影响,从而有助于企业根据不同类型的消费者群体特征,制定相应的策略。图 3-9 至图 3-14 展示了关于 β 的计算实验结果,结论 3.1 和结论 3.2 概括了实验中所得到的重要结论,进一步分析实验结论可得到管理启示。

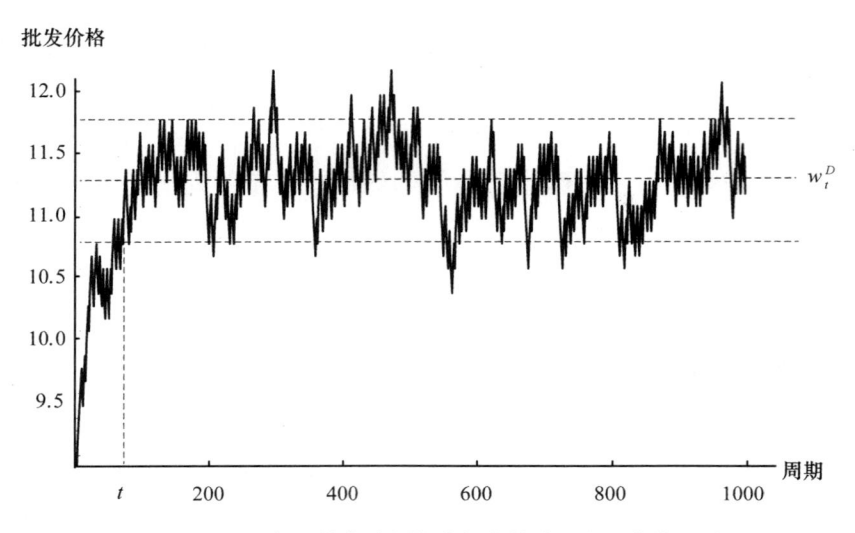

图 3-8　1000 个计算实验周期内批发价格的学习和优化过程

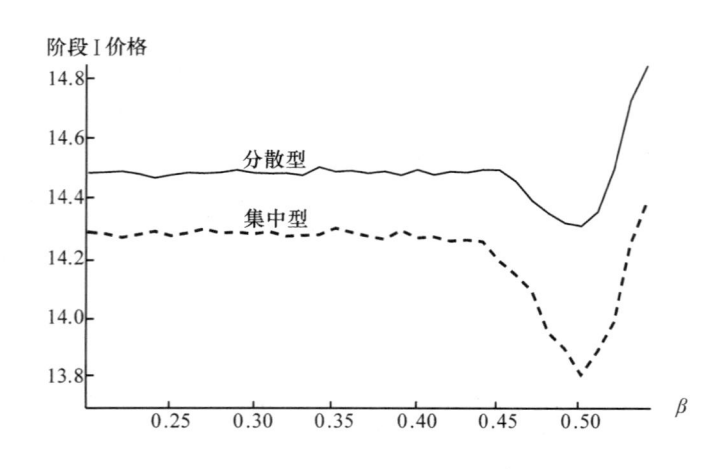

图 3-9　阶段 I 价格随产品剩余价值因子变化

根据供应链的双边际效应，渠道结构分散化管理的两层供应链中，上游制造商和下游零售商片面地追求自身收益最大化将会导致供应链的整体绩效降低，同时伴随有分散型供应链中产品价格增加和零售商订货量减少的现象。然而，关于供应链双边际效应的传统

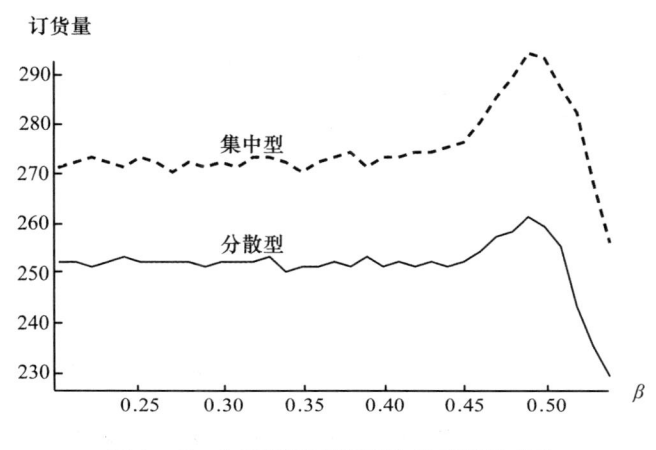

图 3-10　订货量随产品剩余价值因子变化

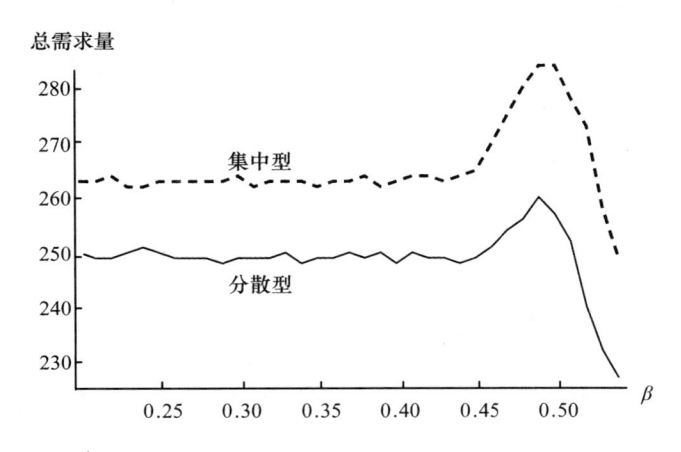

图 3-11　两个阶段总需求量随产品剩余价值因子变化

研究中，市场上的消费者均为短视型。如果考虑到策略型消费者的延迟购买行为，企业决策和收益又会发生怎样的变化，这是本章计算实验主要关注的问题。得到的有关企业产品定价和订货决策的实验结果如结论 3.1 所述。

结论 3.1　分散型供应链中的产品价格高于集中型供应链中的产

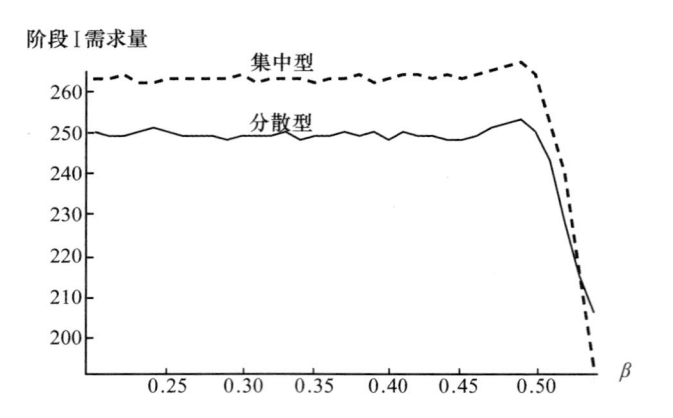

图 3-12 阶段 I 需求量随产品剩余价值因子变化

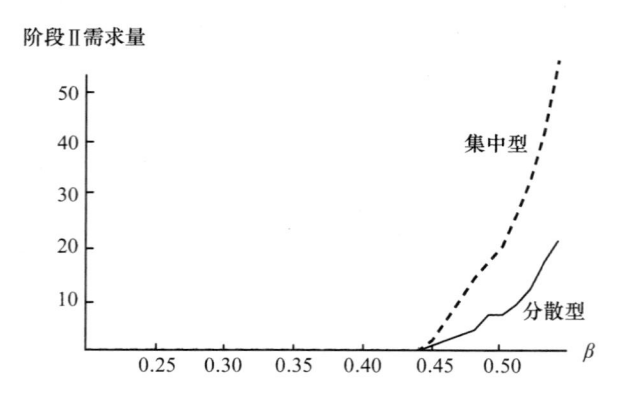

图 3-13 阶段 II 需求量随产品剩余价值因子变化

品价格,同时,分散型供应链中的订货量较低。

结合图 3-9 和图 3-10 得到结论 3.1。可以看到,当市场上消费者具有策略性延迟购买行为时,供应链渠道结构分散化带来的部分双边际效应现象仍然存在:如图 3-9 所示,分散型供应链中的产品价格始终高于集中型供应链中的产品价格;图 3-10 显示,分散型供应链中零售商的订货量始终低于集中型供应链中的订货量。虽

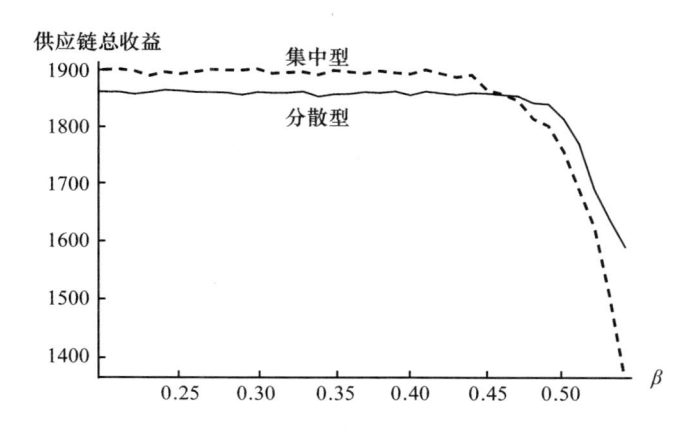

图 3-14　供应链总收益随产品剩余价值因子变化

然，定性地看，渠道结构分散化对企业定价和订货决策的影响与面对短视型消费市场时无异，但是，策略型消费市场更加复杂。进一步分析企业收益的变化情况，得到结论 3.2。

结论 3.2　当阶段 Ⅱ 的产品剩余价值因子足够大，即 $\beta > 0.45$ 时，渠道结构分散化能够提高供应链的整体绩效。

根据供应链管理领域的普遍认知，在短视型消费市场中，渠道分散化产生的双边际效应将会导致供应链整体绩效降低。然而，实验结果表明，当市场上的消费者具有策略性延迟购买行为时，在一定条件下，渠道结构分散化将会增加供应链的整体收益。分析结果产生的原因如下，当 $\beta < 0.45$ 时，消费者延迟购买的意愿较低，因此，消费者将会立即购买产品或者直接离开市场。此时的消费者购买行为与短视型消费者的购买行为无异，渠道结构分散化将会导致分散型供应链的整体收益低于集中型供应链。

随着 β 逐渐增加，消费者从阶段 Ⅱ 购买产品后获得的消费者效用增加，因此，一些原本在 β 较小时选择离开市场、放弃购买产品的消费者，将会愿意等待，然后以较低的促销价格购买产品。如此一来，市场上的总需求量有所增加（如图 3-11 中 $\beta = 0.45$ 处所示),随之,产品的订货量增加(如图 3-10 中 $\beta = 0.45$ 处所示)。同时,还有一些消费者,原本在 β 较小时选择立刻购买产品,而在 β 增大后,延迟购买的意愿变得更加强烈,从而这些消费者的行为从"立即购买"转变为"等待促销"。因此,如图 3-13 所示,阶段 II 中的需求量随着 β 的增加而增加。

通过分析消费者的购买意愿可以发现,供应链成员能够使用以下两种方法来抑制策略型消费者的延迟购买行为:第一种是通过降低阶段 I 的产品销售价格,减少两个阶段的价格差,从而弱化促销阶段 II 中较低的产品价格对消费者的吸引力,削弱消费者可能从延迟购买中获得的效用;第二种是通过减少产品的订货量,降低阶段 II 中产品的可获概率,使消费者需要为延迟购买行为承担更高的缺货风险,从而降低消费者的等待意愿。

当 $\beta > 0.45$ 时,消费者有足够的耐心等待产品促销,因此,市场中开始出现大量的消费者延迟购买的现象。为了引导消费者以正价购买产品,从而获取更高的零售商收益,零售商将会降低阶段 I 的产品销售价格,以减少与阶段 II 的促销价格之间的差值,吸引消费者选择在阶段 I 购买产品。市场需求因阶段 I 的销售价格降低而有所增加,同时,与需求相应的订货量增加。然而,当 $\beta > 0.5$ 时,消费者具有强烈的等待意愿,阶段 I 的需求量大幅度下降,而阶段 II 的需求量明显增加。由于零售商在阶段 II 中促销产品时的边际收益为负,因此,零售商被迫通过增加阶段 I 中产品的销售价格来维持两个阶段的总收益。

当 $\beta > 0.5$ 时,产品的总需求量和订货量随着 β 的增加而减少。分散型供应链中的订货量由于双边际效应而低于集中型结构中的订货量。较低的产品持有量降低了消费者在阶段 II 获得产品的可能性。因此,分散型供应链中消费者在阶段 II 获得产品的概率较低。也就是说,如果分散型供应链市场中的消费者等待到阶段 II 再购买产品,那么,他们将需要承担比在集中型供应链市场中更大的缺货风险。作为理性的消费者,他们将会避免高风险的等待行为。因此,分散型供应链中消费者延迟购买的现象没有集中型供应链中的严重，可以得到结论 3.3。

结论 3.3 当策略型消费者延迟购买意愿强烈时，渠道结构分散化能够在一定程度上抑制策略型消费者的延迟购买行为。

综上所述，供应链渠道结构分散化降低了消费者的延迟购买的意愿，有效地减少了策略性等待行为对供应链收益的负面影响，从而增加了整体绩效。阶段 Ⅱ 的产品剩余价值因子 β 反映了消费者对时间的敏感程度。当消费者对时间的敏感程度较低时，渠道结构分散化有助于提高供应链的整体绩效。结合实际的市场情况，中青年消费者通常对于时间的敏感程度较高，相对而言，老年消费者更加倾向于等待促销，其对时间的敏感程度较低。因此，如果企业销售产品所面对的是老年消费者，则可以通过将渠道结构分散化来抑制老年群体的延迟购买行为，从而提高供应链的整体绩效；如果企业产品销售市场以中青年消费者为主，渠道结构集中化管理有助于企业增加收益。以服装行业为例，Zara、H&M 等快销时装品牌的消费者群体主要是中青年，他们通常由于工作、学业繁忙或追求时尚而不愿意延迟购买，这类企业倾向于进行渠道集中化管理；而针对老年消费者的服装企业更加普遍进行外包生产，将供应链渠道结构分散化。

二 异质消费者对产品的价值评价

消费者对于产品的价值评价直接影响消费者效用，进一步影响市场需求、企业决策和收益水平。实验模型中消费者对产品的价值评价相互独立，整体服从正态分布，因此，可以从正态分布的均值和方差两个方面入手，分析异质消费者对产品的价值评价带给消费者行为和企业决策、收益的影响。

均值 μ_v 表示消费者群体对产品价值评价的平均值。μ_v 的值越大，表示消费者普遍对产品的价值评价越高。图 3-15 至图 3-19 展示了 μ_v 的变化对于市场需求和供应链成员决策的影响。进一步，在图 3-20 中比较集中型和分散型供应链总收益随着 μ_v 的变化,并分析实验结果,得到结论 3.4。方差 σ_v^2 反映了消费者群体对产品价值评价的差异性。σ_v^2 的值越大,说明消费者群体对于产品价值评价的差异越大。图 3-21 展示了企业收益随着 σ_v^2 的变化,概括实验结果中的重要结论,得到结论 3.5。

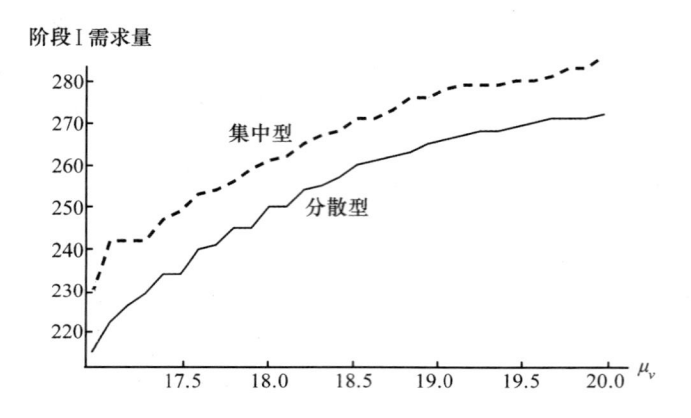

图 3-15　阶段 I 需求量随消费者对产品价值评价均值变化

结论 3.4　(1) 消费者群体普遍对产品价值评价较低时,延迟购买现象较为严重,集中型供应链市场中延迟购买的消费者数量多于分散型供应链市场;(2) 当消费者对产品价值评价的均值较低,即 $\mu_v < 18$ 时,渠道结构分散化能够增加供应链的整体绩效。

较小的 μ_v 表示消费者普遍对产品的价值评价较低,此时,消费者愿意为该产品支付的价格较低,因此,很多消费者不愿意在阶段 I 以正价购买产品,而是倾向于等待到阶段 II 享受较低促销价格,或者直接放弃购买。此时,消费者市场上出现大量的延迟购买行为,这将会严重损害供应链收益。而渠道结构分散化在一定程度上抑制了消费者的延迟购买行为,如图 3-16 所示,分散型供应链中阶段 II 需求量明显低于集中型供应链。渠道结构分散化弱化了策略型消费者等待促销带来的负面影响,如图 3-20 所示,当 $\mu_v < 18$ 时,分

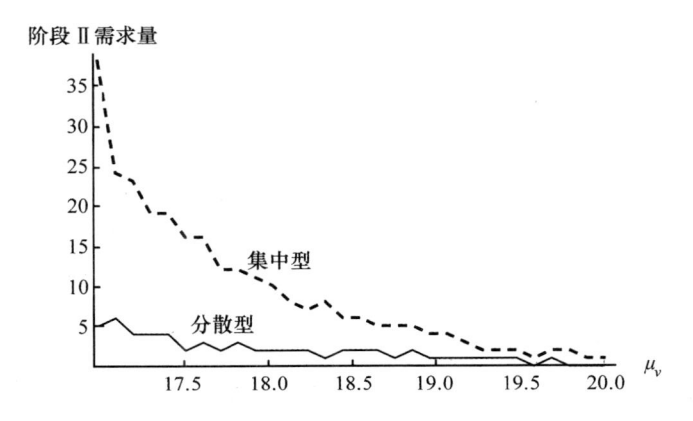

图 3-16 阶段 Ⅱ 需求量随消费者对产品价值评价均值变化

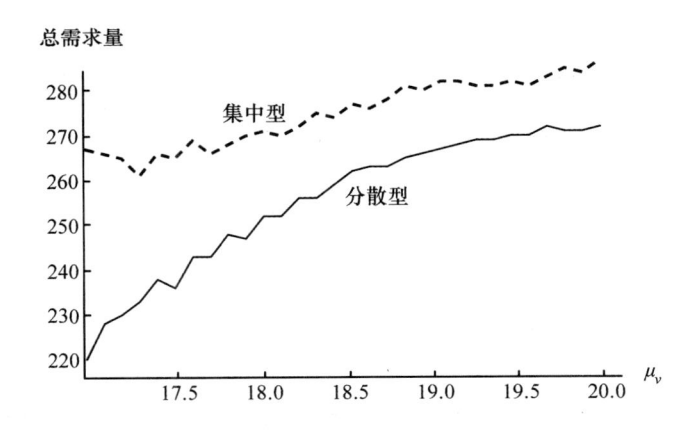

图 3-17 两个阶段的总需求量随消费者对产品价值评价均值变化

散型供应链的总收益高于集中型供应链的总收益。

随着 μ_v 逐渐增加，消费者群体普遍对产品的价值评价增加，两个阶段的消费者效用都有所增加。此时，如图 3-18 所示，集中型和分散型供应链中的零售商都将通过降低阶段 Ⅰ 的销售价格，吸引消费者以正价购买产品，抑制消费者的延迟购买行为。这样，很多

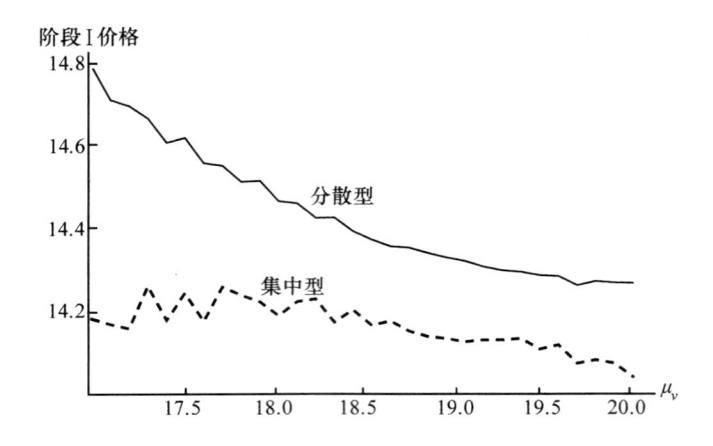

图 3-18　阶段 I 产品价格随消费者对产品价值评价均值变化

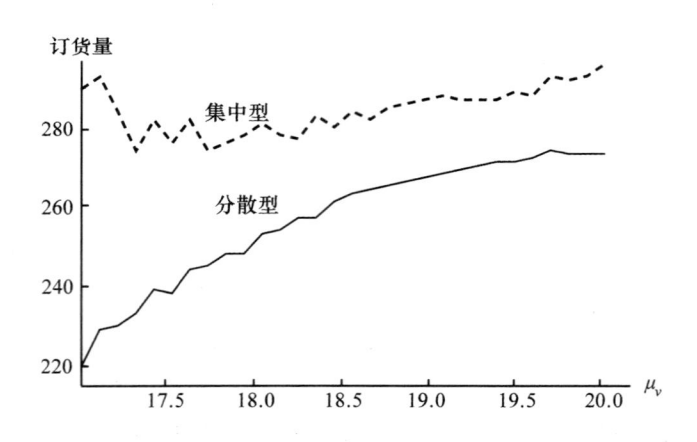

图 3-19　订货量随消费者对产品价值评价均值变化

原本选择"等待促销"的消费者，会转而选择在阶段 I "立即购买"，如图 3-15 所示，阶段 I 的需求量随着 μ_v 的增加而增加；同时，如图 3-16 所示，阶段 II 的需求量随着 μ_v 的增加而相应地减少。另外有一些消费者，原本将会离开市场、放弃购买，当 μ_v 增大后，

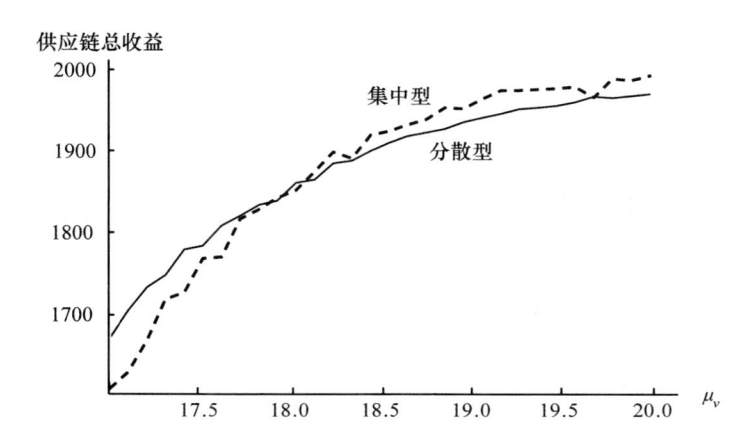

图 3-20 供应链总收益随消费者对产品价值评价均值变化

随着对产品的价值评价有所增加而愿意支付更高价格来购买产品，因此，这些消费者将不再直接离开，而是会选择等待阶段Ⅱ的降价促销活动，如图 3-17 所示，市场上的总需求量有所增加；同时，根据增加的总需求量，如图 3-19 所示，零售商的产品订货量也随着 μ_v 的增加而增加。

当 μ_v 较大时，消费者普遍倾向于在阶段Ⅰ直接以正价购买产品，从而延迟购买的消费者数量越来越少。也可以说，当 μ_v 较大时，策略型消费者的延迟购买行为被抑制。因此，当 μ_v 较大时，供应链的总收益会增加。此时，市场上大部分策略型消费者表现出的购买行为与短视型消费者的购买行为无异，渠道分散化带来的双边际效应降低了分散型供应链的总收益。因此，当 μ_v 较大时，集中型供应链的收益高于分散型供应链的总收益，如图 3-20 所示。

结论 3.5 （1）异质消费者群体对产品价值评价的差异性较大时，策略型消费者的延迟购买行为更加普遍，从而将会更大程度地损害供应链收益；（2）当消费者群体的差异性足够大，即 $\sigma_v^2 > 9$ 时，渠道结构分散化能够提高供应链的整体绩效。

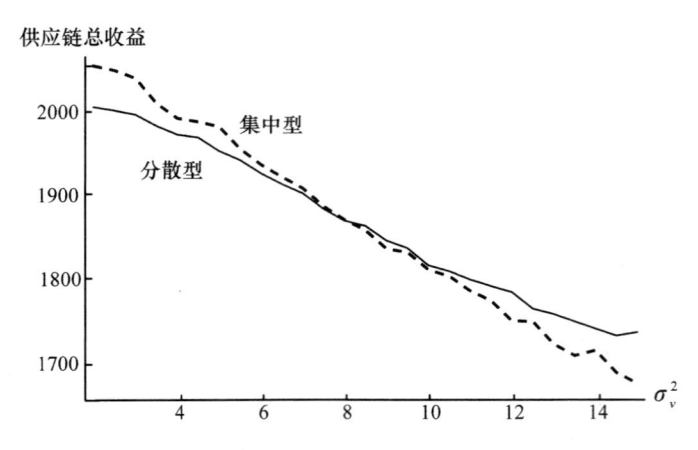

图 3-21 供应链总收益随消费者对产品价值评价方差变化

当 σ_v^2 较大时，消费者群体对于产品的价值评价具有较大的差异性，反映出消费者群体具有较高的异质性。在这种情况下，消费者的购买行为难以掌握，供应链成员难以准确地预测市场需求，并且难以制定合适的产品价格和订货量，以引导消费者在阶段 I 购买产品。因此，当 σ_v^2 较大时，市场上消费者的延迟购买行为较为普遍。另外，如果部分消费者对产品的价值评价较低，在受到企业决策不适当的影响时，其消费者效用为负数，会因此放弃购买产品。这些消费者行为将会导致市场总需求量减少，供应链的总收益进一步降低。

当策略型消费者的延迟购买行为普遍存在时，供应链成员可以通过将渠道结构分散化，来有效地降低延迟购买行为带给供应链的负面影响。如图 3-21 所示，当 σ_v^2 较大时，消费者群体对产品的价值评价具有高度的差异性，消费者延迟购买现象普遍存在，渠道结构分散化能够提高供应链的整体绩效，使分散型供应链的总收益高于集中型供应链的收益。

三 多种计算实验环境设置

本节前两部分分析的实验结果,均是在默认的实验参数设置下得到的。在第三部分多种计算实验环境设置中考虑多组不同的实验参数设置,每一种实验参数组合都对应于计算实验中一种不同的实验环境。具体来说,为计算实验中每一个实验参数选择 5 个不同的参数值,如表 3-1 所示。将每个参数的参数值进行排列组合,可以得到多组不同的参数组合,对应于多种不同的实验环境。在每种实验环境中进行计算实验和分析。

表 3-1   计算实验中的参数值

参数	值
c	6.2, 6.6, 7.0, 7.4, 7.8
r	4.2, 4.6, 5.0, 5.4, 5.8
N	280, 290, 300, 310, 320
β	0.35, 0.40, 0.45, 0.50, 0.55
μ_v	17.0, 17.5, 18.0, 18.5, 19.0
σ_v^2	8.0, 8.5, 9.0, 9.5, 10.0

按照表 3-1 中的参数值设置,通过排列组合一共可以得到 5^6 = 15625 种参数组合。每一种参数组合对应于计算实验中一种不同的系统环境。在每一种环境下,供应链成员进行总共 1000 个周期的学习,在学习过程中调整决策变量,以达到最优的均衡状态。因此,在考虑多组参数组合的情况下,总共进行 $5^6 \times 1000$ = 15625000 个周期的计算实验。进一步,通过将 15625000 组实验结果进行平均,分别得到不同渠道结构下的供应链总收益的平均值,展示在表 3-2 中。进一步,比较表中分散型供应链的总收益和集中型供应链的收益,使用下划线"_"将较大的收益值突出显示,从而可以清楚地看出,随着研究变量的变化,渠道结构分散化给供应链总收益带来的

影响。通过对表 3-2 中的数据进行比较和分析，可以得到结论 3.6。

表 3-2　　　　　　　不同渠道结构下的平均供应链总收益

β	分散型	集中型	μ_v	分散型	集中型	σ_v^2	分散型	集中型
0.35	1718.300	<u>1729.571</u>	17.0	<u>1530.425</u>	1520.019	8.0	1677.310	<u>1683.068</u>
0.40	1718.041	<u>1729.282</u>	17.5	<u>1606.339</u>	1594.374	8.5	1671.904	<u>1675.856</u>
0.45	1703.044	<u>1706.240</u>	18.0	1672.084	<u>1688.832</u>	9.0	<u>1666.660</u>	1665.502
0.50	<u>1660.611</u>	1622.100	18.5	1723.642	<u>1727.307</u>	9.5	<u>1661.547</u>	1657.004
0.55	<u>1533.322</u>	1476.850	19.0	1742.665	<u>1754.048</u>	10.0	<u>1657.000</u>	1642.457

结论 3.6　（1）多种实验环境设置下，能够得到与结论 3.2、结论 3.4 和结论 3.5 中所述的关于供应链收益的内容相一致的结论，即不同的实验环境下得到的管理启示一致；（2）渠道结构分散化能够抑制延迟购买行为带来的不利影响，有助于在市场上消费者延迟购买现象普遍存在时，提高供应链的整体绩效。

随着 β 增加，消费者延迟购买的意愿越来越强烈，市场上消费者的延迟购买行为普遍存在，这将严重损害供应链收益。从表 3-2 可以看出，随着 β 增加，分散型供应链和集中型供应链的总收益都逐渐降低；尤其是当 $\beta > 0.45$ 时，消费者延迟购买的现象变得严重，供应链总收益开始大幅度下降。另外，从表 3-2 可以看出，当 $\beta > 0.45$ 时，渠道结构分散化能够有效地弱化 β 带来的不利影响。换句话来说，当市场上策略型消费者的延迟购买行为普遍存在时，企业可以通过渠道结构分散化策略来提高供应链的整体绩效。这个结果与结论 3.2 中所得到的结果相一致。

从表 3-2 所展示的关于 μ_v 的结果中可以看出，分散型供应链和集中型供应链的总收益都与 μ_v 呈现正相关关系，当 $\mu_v < 18$ 时，渠道结构分散化能够提高供应链整体绩效，使分散型供应链的总收益大于集中型供应链的收益。这个结果与结论 3.4 中所述内容相一致。

另外，分散型供应链和集中型供应链的总收益都与 σ_v^2 呈现负相关关系，当 $\sigma_v^2 > 9$ 时，分散型供应链的总收益高于集中型供应链的收益，这个结果与结论 3.5 相符。

四 阶段Ⅱ的促销价格内生化

到目前为止，本章的实验模型中考虑的是外生的促销价格，即在多周期学习和决策的过程中，阶段Ⅱ的促销价格是固定不变的。然而，现实的市场营销和供应链运作管理中，供应链成员能够根据历史数据和市场信息逐渐调整和优化产品在促销阶段的价格。因此，在这一部分的分析中，将阶段Ⅱ的产品促销价格内生化，得到实验结果。进一步，通过与阶段Ⅱ价格外生时的实验结果进行比较，分析得到内生的促销价格给市场需求、企业决策和收益带来的影响。

具体来说，在分散型供应链中，当阶段Ⅱ的产品促销价格内生时，设置实验模型在第 j 周期内，供应链成员的博弈顺序描述如下：

(1) 制造商作为领导者，首先决策单位批发价格 w_j^D，并将 w_j^D 告知零售商；

(2) 零售商作为跟随者，在得知 w_j^D 后决策产品的订货量 q_j^D、阶段Ⅰ的产品销售价格 p_j^D 和阶段Ⅱ的产品促销价格 s_j^D，并将 q_j^D 告知制造商，将 p_j^D 和 s_j^D 告知消费者。

关于 s_j^D 的学习规则，与本章第三节中所描述的决策者的学习规则相一致。集中型供应链中制造商决策产品的生产量 q_j^C、阶段Ⅰ的产品销售价格 p_j^C 和阶段Ⅱ的产品促销价格 s_j^C，并将 p_j^C 和 s_j^C 告知消费者。计算实验系统中设置的决策变量初始值 $s_0^D = 6$，与阶段Ⅱ价格外生时的实验默认参数值 $s = 6$ 相同。其他的实验初始化设置均与阶段Ⅱ价格外生时一致。通过将阶段Ⅱ的产品促销价格内生化，从定性的角度验证结论 3.1 至结论 3.5 中的管理暗示，同时，得到新的管理启示如结论 3.7 所示。

结论 3.7 （1）在内生的产品促销价格的影响下，当阶段 Ⅱ 的产品剩余价值因子较高、消费者普遍对产品的价值评价较低或者消费者对产品的价值评价具有高度差异性时，分散型供应链的总收益高于集中型供应链的收益；（2）渠道结构分散化将会带来零售商的订货量减少、阶段 Ⅰ 的产品零售价格增加和阶段 Ⅱ 的产品促销价格降低；（3）通过将促销价格内生化，能够有效抑制消费者的延迟购买行为。

当阶段 Ⅱ 的促销价格增加时，消费者从延迟购买中获得的效用减少。这样，消费者的等待意愿降低，更加倾向于在正价阶段立即购买产品。因此，当促销价格内生化时，零售商将会增加促销价格，引导消费者通过正价购买产品。图 3-22 所示的实验结果是零售商经过多个周期学习和优化后的阶段 Ⅱ 价格，可以看出，曲线所表示的调整后的阶段 Ⅱ 价格，始终高于计算实验中设置的初始值 $s_0^D = 6$。另外，当 $\beta > 0.5$ 时，消费者具有强烈的延迟购买意愿，因此，零售商通过进一步提高阶段 Ⅱ 的促销价格，抑制消费者的延迟购买行为。

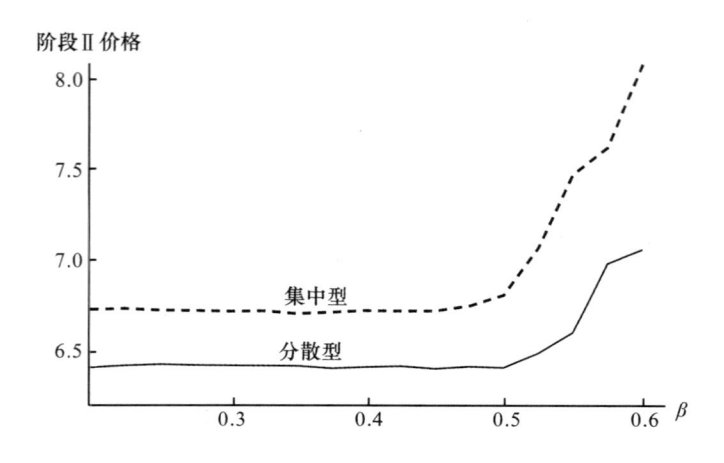

图 3-22 阶段 Ⅱ 价格随产品剩余价值因子变化

当 β 较小时，策略型消费者的购买行为与短视型消费者无异，分散型供应链的总收益低于集中型供应链的收益。当 β 较大时，市场上消费者延迟购买现象严重，此时，供应链收益较低。同时，渠道结构分散化能够抑制消费者的延迟购买行为，进而提高供应链的整体绩效。这个实验结果与结论 3.2 中的内容相一致。进一步发现，当产品的促销价格为内生设置时，如图 3－23 所示，供应链的收益从 $\beta = 0.5$ 时开始降低；而图 3－14 显示，当促销价格为外生设置时，这个边界值为 $\beta = 0.45$。可以看出，随着阶段 II 促销价格的内生化，供应链总收益开始降低的边界值从 $\beta = 0.45$ 变为 $\beta = 0.5$。也就是说，阶段 II 的产品促销价格内生化，能够有效地弱化策略型消费者延迟购买行为带给供应链的负面影响，使得供应链总收益开始降低的边界值变大。

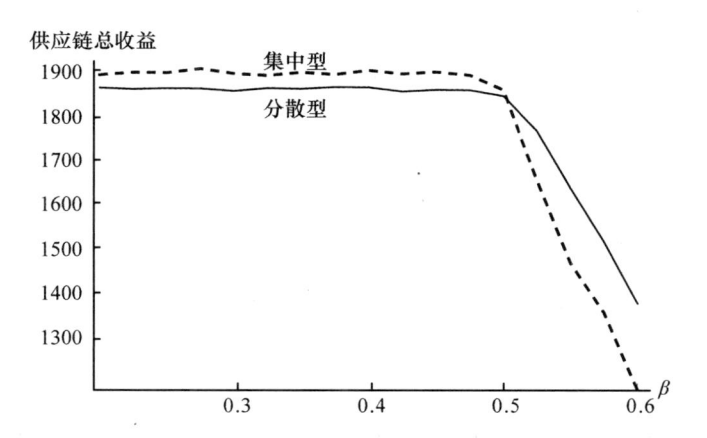

图 3－23 阶段 II 价格内生时供应链总收益随产品剩余价值因子变化

从图 3－24 可以看出，当 μ_v 较小时，分散型供应链中的总收益高于集中型结构中的收益，这个结果与结论 3.4 的内容相一致。另外，从图 3－25 可以看出，当 σ_v^2 较大时，供应链的渠道结构分散化能够提高供应链的整体绩效，这个结果与结论 3.5 相符。

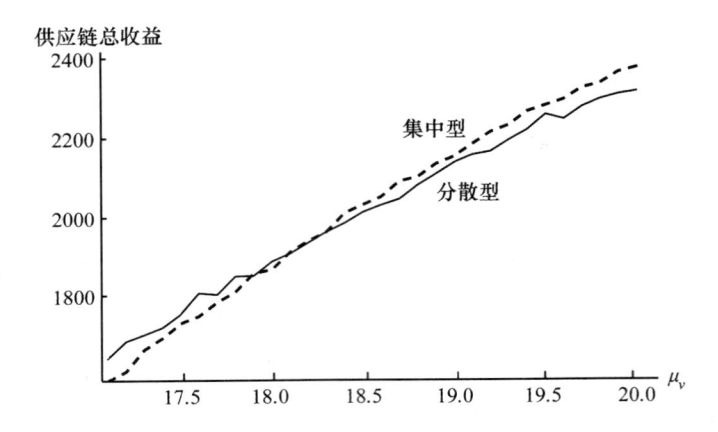

图 3-24　阶段 Ⅱ 价格内生时供应链总收益随对产品价值评价均值变化

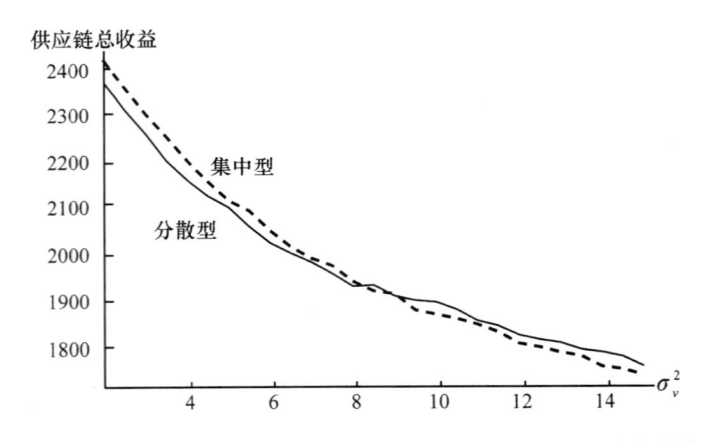

图 3-25　阶段 Ⅱ 价格内生时供应链总收益随对产品价值评价方差变化

第五节　本章小结

本章在面临策略型消费者的情境中，构建两层的供应链模型，制造商通过零售商销售季节性产品给消费者，产品的销售过程分为正价阶段和降价促销阶段。策略型消费者同时决策"是否"和"何时"购买产品。直观地，消费者的策略性等待行为将会影响供应链收益。但是，其中具体的影响关系无法直观看出，尤其是在考虑到供应链的渠道结构策略时。因此，需要将数理模型和计算实验方法相结合，研究策略型消费者影响下的渠道结构管理。

通过基于多代理的计算实验方法，刻画不同供应链结构中成员和消费者的学习过程和交互作用。通过设置大量的参数组合，在多种不同的计算实验环境中研究供应链中的决策和收益以及策略型消费者的行为，得到的主要实验结果如下所述。（1）当消费者对时间的敏感度较低时，他们具有强烈的延迟购买意愿，如此便会严重损害供应链收益。（2）渠道结构分散化能够抑制消费者的延迟购买行为，从而提高供应链的整体绩效。（3）在以下几种情况中，分散型供应链的总收益高于集中型供应链的收益：消费者对时间的敏感程度低、普遍对产品的价值评价低或者对于产品的价值评价具有高度的差异性。（4）从定性研究的角度来看，促销价格外生和内生时得到的有关"渠道分散化能够提高供应链总收益"的管理暗示相一致。另外，内生化的促销价格能够进一步弱化策略型消费者的延迟购买行为，提高供应链收益。

相对于以往的相关研究，本章的贡献有：（1）刻画消费者群体在对产品价值评价和时间敏感度上的差异性，发现当消费者的时间敏感度和对产品的价值评价低而对于产品价值评价的差异性高时，渠道分散化能够增加供应链收益。这与不考虑策略型消费者的传统研究中得到的结论相悖。（2）同时考虑单位批发价格、订货量和两个阶段零售价格的最优化对于延迟购买行为和供应链成员收益的影响。（3）将关于策略型消费者的研究和供应链纵向分散化的研究结合起来，弥补了两个研究方向之间的局限性。

本章的不足在于，只通过产品的价值评价和时间敏感度来刻画异质的策略型消费者群体，然而，现实中具有更多与等待行为相关的影响因素，比如公平感和后悔情绪，购买产品时对产品信息的掌握程度等。进一步刻画消费者在购物过程中的有限理性行为，能够为供应链管理中的决策者预测市场需求和制定策略提供更准确的管理启示。另外，考虑竞争的供应链之间的策略型消费者行为，会是一个有意义的研究方向。

第 四 章

搭便车行为影响下的双渠道产品差异化策略

在双渠道供应链中,制造商同时为零售渠道和网络渠道提供产品。两个渠道中的产品可以完全相同(即同质策略),也可以具有差异(即差异化策略)。实体的零售商店提供店铺服务,能够帮助消费者补充产品信息、增加对产品的了解,从而增强消费者效用;而网络渠道由于经营成本较低,通常能够为与实体店中相同或者相似的产品提供较低的价格。消费者一方面需要到实体店补充产品信息,另一方面追求低价。因此,双渠道供应链中消费者跨渠道的搭便车行为日益普遍。本章关注于搭便车行为对于制造商的双渠道产品策略的影响。通过比较同质策略和差异化策略中的制造商收益,得到关于双渠道供应链中产品定价和定位策略的管理启示。

第一节 问题背景

双渠道供应链中,零售渠道和网络渠道争夺消费者市场,引发渠道之间的冲突和矛盾,尤其是存在于相同或者相似产品之间的渠道蚕食问题不容小觑。一些企业通过将两个渠道中的产品进行差异化,从而减少渠道之间的蚕食问题,以达到弱化渠道冲突的目的。通常,双渠道供应链中的制造商具有两种产品策略:(1)同质策略,即在零售渠道和网络渠道中销售完全相同的产品;(2)差异化策略,即在零售渠道和网络渠道中销售的产品有所差异。产品差异化策略又包括横向差异化和纵向差异化。其中,横向差异化指的是两个渠道中的产品在颜色、款式等方面具有差别,而纵向差异化指的是两个产品之间存在"质量"或性能上的差别。比如,两辆汽车中的一辆车是白色漆身,另一辆车是黑色漆身,这就是产品的横向差异化;而一辆车耗油量高,另一辆车耗油量低就属于纵向差异化。消费者根据自身偏好不同,在具有横向差异化的产品中进行选择;而对于具有纵向差异化的两个产品,如果价格相同,理性消费者都会选择"质量"较高、性能较好的产品,也就是汽车的例子中耗油量较低的车。但是,产品差异化策略会给制造商增加额外的产品研发制造成本。因此,企业是否有动机将双渠道供应链中的产品进行差异化,是值得研究和讨论的问题。

市场中的产品信息通常是不完整的,这将会影响消费者对产品的价值评价。不完整的产品信息可以通过消费者自己的努力来补充(Guo and Zhang,2012),也可以通过企业的策略来补充(Wu et al.,2004)。本章关注于第二种情况,企业通过为每一位到达零售商店的消费者提供店铺服务,帮助消费者补充产品信息。然而,消费者有可能在补充产品信息后,从其他途径购买产品,即展现出搭便车行为。在双渠道供应链中,实体零售商提供店铺服务,而网络渠道不提供服务;消费者有可能在实体零售商店补充产品信息后,转移到网络渠道以较低的网络价格购买产品,如此的搭便车行为将会损害实体零售商的利益,同时加剧渠道冲突。因此,需要在双渠道供应链管理中重视对于消费者搭便车行为的研究。

在制造商的双渠道产品策略中刻画搭便车行为带来的影响,试图通过本章研究回答以下问题:

(1)当消费者展现出跨渠道搭便车行为时,制造商应该采取怎样的双渠道产品策略？在什么情况下，制造商有动机选择双渠道产品差异化策略？

（2）产品差异化策略将会如何影响消费者的购买行为，尤其是搭便车行为？

（3）由于异质消费者具有不同的理想型产品，对产品的价值评价具有差异性，考虑这些关键性因子将会如何影响博弈的均衡结果和最优决策？

运用计算实验和博弈论相结合的研究方法，构建双渠道供应链的博弈模型，制造商同时通过实体零售商和网络渠道销售体验型产品。在充分考虑消费者搭便车行为的前提下，研究制造商在双渠道供应链中的产品策略。其中，在基本模型中，制造商决策是否将双渠道产品进行横向差异化。然后，在扩展模型中，进一步考虑同时将双渠道产品进行横向差异化和纵向差异化的产品策略。重点关注当消费者展现搭便车行为时，双渠道供应链中应该采取怎样的产品定价和定位策略以达到企业收益最大化。

第二节 基本模型：产品横向差异化

构建双渠道供应链模型，其中，制造商同时通过零售渠道（实体的零售商店，$i = R$）和网络渠道（$i = O$）销售产品。零售商提供店铺服务，帮助消费者获得更多的产品信息、增加产品带来的消费效用；网络渠道中不提供服务。消费者有权利先在零售商店享受店铺服务、补充产品信息，然后转移到网络渠道以较低的网络价格购买产品，即展现搭便车行为。制造商具有两种产品策略：为两个渠道提供具有差异性的产品（使用 D 表示 Differentiated），或者提供完全相同的产品（使用 H 表示 Homogeneous）。策略 D 和策略 H 分别被用来表示双渠道供应链中的产品差异化策略和同质策略。

首先，在基本模型中只考虑产品差异化策略中的产品横向差异化。然后，在扩展模型中，将会同时考虑产品的横向差异化和纵向差异化。根据 Xia 和 Rajagopalan（2009）以及 Xiao、Shi 和 Chen（2014），模型中考虑线性的消费者市场。具体来说，假设消费者根据各自的理想型产品均匀地分布在一条呈直线形的市场上；另外，两个渠道中提供的具有差异化的产品分别位于直线市场上的两个不同的固定的点。消费者的分布密度为 1，即单位长度的线性市场上的消费者数量为 1 个。在差异化策略中，两个渠道中提供的两个产品在线性市场上的距离为 d。d 值的大小代表了双渠道中产品的差异化程度，即 d 越大，说明零售渠道中提供的产品和网络渠道中提供的产品之间的差异性越大。在差异化策略中，有 $d > 0$。若 $d = 0$，则说明两个渠道中的产品位于线性市场上的同一个点，即两个渠道中的产品是完全相同的，也就是产品同质策略的情况。

分别用 p_R 和 p_O 表示零售渠道价格和网络渠道价格。消费者无法从市场中直接获得关于产品的完整信息，因此，在享受店铺服务之前，消费者对产品的价值评价为 θv，其中 $0 < \theta < 1$，θ 反映了消费者在到达实体店铺之前对零售渠道产品信息的掌握情况，而 $(1 - \theta)v$ 是由于消费者对产品信息掌握不完全而降低的部分价值评价（Bernstein et al., 2009）。如果消费者在实体商店中享受服务、体验产品，并补充产品信息，那么他对产品的价值评价将会变得完整，变成 v。

当消费者购买的产品不是其理想型产品时，需要付出一定的代价，只有当这个代价不是太高时，消费者才会购买和其理想型产品具有一定差别的产品。假设线性的消费市场中，消费者的理想型产品和渠道 i 中提供的产品之间的距离为 x_i；消费者购买渠道 i 中提供的产品时，为其理想型产品和该产品之间的单位距离付出的代价为 t。另外，当消费者从网络渠道购买产品时，需要支付网络搜索成本 h，包括在网络渠道中搜索产品以及为产品配送过程花费的时间和金钱等成本（Kucuk and Maddux, 2010; Wolfinbarger and Gilly, 2001; Bernstein et al., 2009）。因此，当消费者直接从网络渠道以不完整

的产品信息购买产品时,可以获得的效用为:

$$u_O = \theta v - p_O - x_O t - h \quad (4-1)$$

其中,θv 表示消费者直接从网络渠道购买产品时,对产品的价值评价是不完整的;$x_O t$ 是当消费者从网络渠道中购买非理想型产品时需要付出的代价。

零售商不拒绝任何一位到店消费者的服务请求,即无论该消费者最终是否在零售商店购买产品,零售商都需要对每一个到达店铺的消费者提供服务（Shin,2005,2007）。当消费者到零售商店享受服务时,需要在交通费、试穿服装、品尝产品、测试产品等方面花费时间和金钱。也就是说,消费者需要为到达实体零售商店支付一定的旅行成本（Shin,2007）。异质的消费者群体具有不同的旅行成本,比如,身体健康的年轻人的旅行成本一般比较低,而行动不便的老年人普遍具有较高的旅行成本。按照旅行成本的高低,将消费者群体分为两种类型:具有较低旅行成本的消费者被称为 L 类型的消费者;具有较高旅行成本的消费者被称为 H 类型的消费者。令 $j = L, H$,将 j 类型的消费者的旅行成本标记为 k_j,那么,$0 < k_L < k_H$。一个消费者为 j 类型的概率为 α_j,同时有 $\alpha_L + \alpha_H = 1$。两种类型的消费者分别均匀地分布在线性的消费者市场中。因此,j 类型的消费者在市场中的分布密度为 α_j。

消费者从零售商店购买产品时,已经补充了完整的产品信息,此时,消费者对产品的价值评价为 v。本章使用符号"¯"来表示消费者到达零售商店、享受店铺服务之后的效用。具体来说,$\bar{u}_{Rj}$ 表示 j 类型的消费者享受服务后在零售商店购买产品时获得的效用,而 $\bar{u}_{Oj}$ 表示 j 类型的消费者在享受店铺服务后转移到网络渠道购买产品时获得的效用。那么,j 类型的消费者在零售商店购买产品的效用可表示为:

$$\bar{u}_{Rj} = v - p_R - x_R t - k_j \quad (4-2)$$

其中,$x_R t$ 是消费者在零售商店购买非理想型产品时需要付出的代价。

享受服务后,消费者可以选择转移到网络渠道购买产品。由于网络渠道中的产品和零售商店中的产品不完全相同，因此，从零售商店转移到网络渠道的消费者，对网络渠道中的产品的价值评价可表示为 $\theta'v$，其中 $0 < \theta < \theta' < 1$，θ' 反映了消费者到店后对网络渠道产品信息的掌握情况。$\theta < \theta' < 1$ 表示，网络渠道和零售渠道中的产品是相类似但又具有差异的，因此，在零售商店享受服务、补充零售商店中的产品信息后，可以增加对网络渠道中相似的产品的价值评价，但是并不能够获得有关网络渠道中产品的完整信息。进一步，j 类型的搭便车者需要承担的旅行成本为 k_j。因此，j 类型的搭便车者获得的效用可以表示为：

$$\bar{u}_{Oj} = \theta'v - p_O - x_O t - k_j - h \qquad (4-3)$$

在图 4-1（a）和图 4-1（b）中分别描述了市场上 L 类型的消费者和 H 类型的消费者的购买行为。零售商和网络渠道中提供的产品分别位于线性市场上的两个不同的固定点。位于零售商左边的是零售商的忠实消费者，假设零售商店的忠实消费者不会采取搭便车行为，否则，将没有消费者从实体零售商店购买产品。另外，位于网络渠道右边的是网络渠道的忠实消费者，这些消费者将会从网络渠道购买产品，或者放弃购买。

图 4-1 中的水平实线表示的是位于线性市场上不同位置的消费者能够从渠道 i 提供的产品中获得的消费者效用。可以看到，距离零售商较近的消费者的理想型产品与零售商提供的产品较为相似，因此，他们从购买零售商提供的产品中获得的效用比较大。而距离零售商和网络渠道都比较远的消费者，能够从渠道 i 提供的产品中获得的效用小于零，因此，他们将会放弃购买产品。

只有当消费者从产品中获得的效用大于零时，他才会购买该产品。为了获得消费者效用大于零的临界点，根据 j 类型的消费者在零售商店购买产品时的效用函数式（4-2），求解 $\bar{u}_{Rj} = 0$ 中的 x_R，得到 $\hat{x}_{Rj2} = (v - k_j - p_R)/t$。当 $x_R < \hat{x}_{Rj2}$ 时，有 $\bar{u}_{Rj} < 0$，此时，消费者从购买零售商店的产品中获得效用小于零，因此，消费者不会从零售渠道购买产品；当 $x_R > \hat{x}_{Rj2}$ 时，有 $\bar{u}_{Rj} > 0$，此时，j 类型的消费者购买

(a) L 类型消费者的购买行为

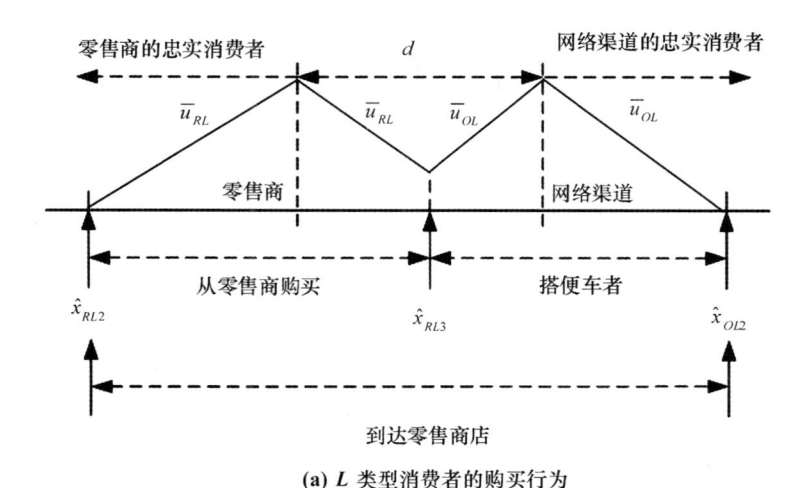

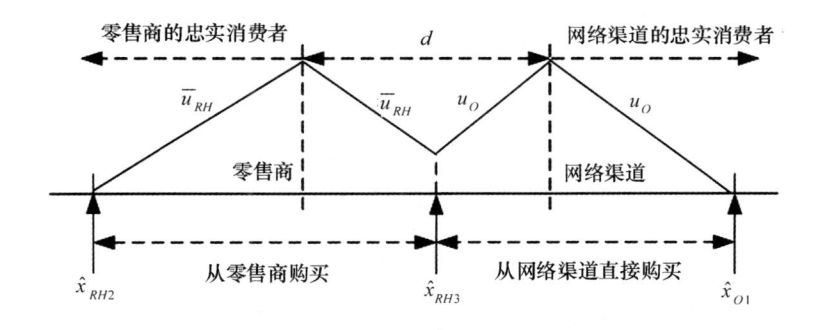

(b) H 类型消费者的购买行为

图 4-1 双渠道产品差异化策略下消费者的购买行为

零售商店中的产品时,可以获得正的消费者效用,因此,从零售商店购买产品是消费者可以选择的购买途径。

同理,根据 j 类型的消费者以不完整的产品信息直接从网络渠道中购买产品的效用函数式(4-1),求解 $u_O = 0$ 中的 x_O,得到 $\hat{x}_{O1} =$

$(\theta v - h - p_O)/t$。只有当 $x_O < \hat{x}_{O1}$ 时，消费者才会选择直接从网络渠道购买产品。另外，根据 j 类型的搭便车者的效用函数式（4-3），求解 $\bar{u}_{Oj} = 0$ 中的 x_O，得到 $\hat{x}_{O2} = (\theta' v - h - k_j - p_O)/t$。当 $x_O < \hat{x}_{O2}$ 时，j 类型的消费者能够从搭便车行为中获得正的效用，此时，该消费者将会有可能选择成为搭便车者。

对于任意的 j 类型的消费者，$\bar{u}_{Oj} > u_O$ 等价于 $k_j < v(\theta' - \theta)$。因此，假设 H 类型的消费者和 L 类型的消费者的旅行成本之间存在以下关系：

$$k_L < v(\theta' - \theta) < k_H$$

那么，旅行成本小于 $v(\theta' - \theta)$ 的消费者，被标记为 L 类型的消费者；其他的消费者的旅行成本大于 $v(\theta' - \theta)$，被称作 H 类型的消费者。进一步，结合消费者效用函数式（4-1）和式（4-3），可以得到 $\bar{u}_{OL} > u_O$ 和 $\bar{u}_{OH} < u_O$。也就是说，市场上所有从网络渠道购买产品的 L 类型的消费者都是搭便车者；而所有从网络渠道购买产品的 H 类型的消费者，由于旅行成本过高，都不会采取搭便车行为，而是选择在产品信息不完整的情况下直接从网络渠道购买产品。

现有文献 Yan（2011）在研究不同的渠道结构中销售具有品牌差异的产品时，没有考虑到差异化的产品之间的竞争关系。而本章在刻画双渠道产品差异化策略时，重点关注产品差异化策略下，两个渠道之间的竞争关系。位于竞争区域的消费者，将会根据效用最大化的原则，在相互竞争的网络渠道和零售渠道之间，选择能够为自己带来更大效用的购买途径。将 $x_O = d - x_R$ 代入消费者的效用函数式（4-2）和式（4-3），$\bar{u}_{Oj} > \bar{u}_{Rj}$ 等价于 $x_R > \hat{x}_{R1} = [h + p_O - p_R + dt + v(1 - \theta')]/(2t)$。通过假设消费者对产品的价值评价 v 足够大，保证零售商和网络渠道之间存在竞争关系。结合图4-1中描绘的双渠道供应链中消费者的选择行为，可以确定两个渠道之间存在竞争的约束条件为 $\hat{x}_{RL2} + \hat{x}_{OL2} > d$ 和 $\hat{x}_{RH2} + \hat{x}_{O1} > d$。另外，由于 $k_H > k_L$ 且 $k_L < v(\theta' - \theta)$，可以得到 $k_H - k_L + v(\theta' - \theta) - k_L > 0$，即 $k_H >$

$2k_L - v(\theta' - \theta)$。因此，可知：

$$\hat{x}_{RH2} + \hat{x}_{O1} = [v(1+\theta) - (h + k_H + p_O + p_R)]/t <$$
$$[v(1+\theta') - (h + 2k_L + p_O + p_R)]/t = \hat{x}_{Rl2} + \hat{x}_{Ol2}$$

那么，只需要保证约束 $\hat{x}_{RH2} + \hat{x}_{O1} > d$ 成立，就可以保证零售商和网络渠道之间存在竞争关系。通过求解约束条件 $\hat{x}_{RH2} + \hat{x}_{O1} = d$ 中的 v，可以得到双渠道竞争约束的边界值：

$$\hat{v}_H = (h + k_H + p_R + p_O + dt)/(1+\theta)$$

也就是说，$\hat{x}_{RH2} + \hat{x}_{O1} > d$ 等价于 $v > \hat{v}_H$。通过保证约束条件 $v > \hat{v}_H$ 成立，可以保证零售商和网络渠道之间的竞争关系。

位于竞争区域的 L 类型的消费者将会在零售商店享受服务后，选择从零售渠道购买产品或者搭便车，以使自身效用最大化。根据消费者效用函数式（4-2）和式（4-3），将 $x_O = d - x_R$ 代入 L 类型消费者的效用函数 $\bar{u}_{RL}$ 和 $\bar{u}_{OL}$，求解 $\bar{u}_{RL} = \bar{u}_{OL}$ 时的 x_R，可以得到 L 类型的消费者从零售渠道和网络渠道购买产品的无差异点：

$$\hat{x}_{Rl3} = [h + p_O - p_R + dt + v(1-\theta')]/(2t)$$

另外，将 $x_O = d - x_R$ 代入 H 类型的消费者直接从网络渠道购买产品时的效用函数式（4-1）和在零售商店购买产品时的效用函数式（4-2），求解 $u_O = \bar{u}_{RH}$ 中的 x_R，可以得到 H 类型的消费者从两个渠道购买产品的无差异点：

$$\hat{x}_{RH3} = [h - k_H + p_O - p_R + dt + v(1-\theta)]/(2t)$$

从图 4-1 可以看出，零售渠道的总需求量等于零售商的忠实消费者的数量加上竞争区域中选择从零售渠道购买产品的消费者的数量。因此，当双渠道供应链中实施产品差异化策略时，零售商的需求量可以表示为：

$$q_R^D = \alpha_L(\hat{x}_{Rl2} + \hat{x}_{Rl3}) + \alpha_H(\hat{x}_{RH2} + \hat{x}_{RH3})$$
$$= [h + dt + 3v + p_O - 3p_R - \alpha_H(3k_H + v\theta) -$$
$$\alpha_L(2k_L + v\theta')]/(2t)$$

同理，网络渠道中的总需求量等于网络渠道的忠实消费者的数量与竞争区域中选择从网络渠道购买产品的消费者的数量的总和，因此，网络渠道的需求量可以表示为：

$$q_O^D = \alpha_L(\hat{x}_{OL2} + d - \hat{x}_{RL3}) + \alpha_H(\hat{x}_{O1} + d - \hat{x}_{RH3})$$
$$= [-3h + dt - v - 3p_O + p_R + \alpha_H(3\theta v + k_H) +$$
$$\alpha_L(3v\theta' - 2k_L)]/(2t)$$

进一步，产品差异化策略下具有搭便车行为的消费者数量为：

$$q_F^D = \alpha_L(\hat{x}_{OL2} + d - \hat{x}_{RL3})$$
$$= \alpha_L(dt - 3h - 2k_L - 3p_O + p_R + 3v\theta' - v)/(2t)$$

到达零售商店享受服务的消费者的数量为：

$$q_V^D = \alpha_L(\hat{x}_{RL2} + d + \hat{x}_{OL2}) + \alpha_H(\hat{x}_{RH2} + \hat{x}_{RH3})$$
$$= [h + dt + 3v + p_O - 3p_R - \alpha_H(3k_H + v\theta)]/(2t) +$$
$$\alpha_L(dt - 3h - 4k_L - 3p_O + p_R + 2v\theta' - v)/(2t)$$

零售商对每一个到达零售商店的消费者提供服务，将单位服务成本表示为 c_s。这样，总的服务成本为 $c_s q_V^D$。制造商的单位生产成本为 c。另外，制造商需要为双渠道产品差异化策略支付固定成本 F，用于设计和研发具有差异性的产品。因此，当制造商选择双渠道产品差异化策略时，制造商的收益函数可以表示为：

$$\pi_M^D = (w - c)q_R^D + (p_O - c)q_O^D - F \qquad (4-4)$$

其中，$(w - c)q_R^D$ 是制造商从零售渠道中获得的收益，$(p_O - c)q_O^D$ 是制造商从网络渠道中获得的收益。另外，零售商的收益函数表示为：

$$\pi_R^D = (p_R - w)q_R^D - c_s q_V^D \qquad (4-5)$$

其中，$(p_R - w)q_R^D$ 是在零售渠道中销售产品获得的收益，$c_s q_V^D$ 是为所有到达零售商店的消费者提供店铺服务所花费的总成本。

根据 Chiang 等（2003），将模型中供应链成员之间的博弈顺序叙述如下：

（1）由制造商决定双渠道供应链中的产品策略：为两个渠道提供完全相同的产品（策略 H），或者提供具有差异化的产品（策略 D）。

（2）制造商作为斯坦克伯格博弈中的领导者，首先决策单位批

发价格 w 和网络渠道价格 p_O，并将 w 和 p_O 告知零售商，将 p_O 告知市场上的消费者。

（3）实体零售商作为博弈中的跟随者，在得知制造商的决策后，决策零售渠道价格 p_R，并将 p_R 告知消费者。

在双渠道供应链中，如果两个渠道中销售的产品完全相同，那么零售商有可能从网络渠道购买产品，然后在零售渠道将产品销售给消费者，即出现套利行为。为了避免零售商的套利行为，制造商在选择策略 H 时，还需要满足网络渠道价格不能够低于产品的单位批发价格的约束条件，即满足 $w \le p_O$（Chiang et al.，2003；Xiao，Choi and Cheng，2014）。

第三节　均衡结果分析

一　策略 D 下的均衡结果

在策略 D 中，制造商为零售渠道和网络渠道提供具有差异性的产品。结合差异化策略时制造商的收益函数式（4-4）和零售商的收益函数式（4-5），可以得到策略 D 下的博弈均衡结果，如定理4.1 所述。

定理4.1　满足条件 $v > \hat{v}_1 = [10c + 3c_s + 7h + 3k_H - \alpha_L(c_s - 9k_H + 14k_L) + 19dt]/[3 + 7\theta + 5\alpha_L(\theta - \theta')]$ 时，零售商和网络渠道之间存在竞争，此时，可以得到双渠道产品差异化策略下的均衡结果，为：

$$w^{D*} = (c + v + k_H\alpha_L - c_s - k_H - k_L\alpha_L)/2 + (3dt + 2c_s\alpha_L)/12$$

$$p_O^{D*} = [c - h + v\theta + \alpha_L(v\theta' - v\theta - k_L)]/2 + dt/4$$

$$p_R^{D*} = [4c + h + 4dt + 9v + 3c_s - 9k_H - v\theta - \alpha_L(c_s + 8k_L + v\theta' - v\theta - 9k_H)]/12$$

证明：求 π_R^D 关于 p_R 的二阶导数，得到 $\partial^2 \pi_R^D / \partial p_R^2 = -3/t < 0$，所以，$\pi_R^D$ 是关于 p_R 的凹函数。求解 π_R^D 关于 p_R 的一阶条件 $\partial \pi_R^D / \partial p_R = 0$，

可以得到零售商的反应函数 $p_R(w,p_O)$。把零售商的反应函数代入制造商的收益函数式（4-4），可以得到 $\pi_M^D(w,p_O)$。$\pi_M^D(w,p_O)$ 关于 (w,p_O) 的海塞矩阵为：

$$H = \begin{bmatrix} -3/(2t) & 1/(2t) \\ 1/(2t) & -17/(6t) \end{bmatrix}$$

这是一个负定矩阵。因此可知，$\pi_M^D(w,p_O)$ 是关于 (w,p_O) 的凹函数。联立求一阶条件 $\partial \pi_M^D/\partial w = 0$ 和 $\partial \pi_M^D/\partial p_O = 0$ 关于 (w,p_O) 的解，则最优的批发价格为：

$$w^{D*} = (c + v + k_H\alpha_L - c_s - k_H - k_L\alpha_L)/2 + (3dt + 2c_s\alpha_L)/12$$

最优的网络渠道价格为：

$$p_O^{D*} = [c - h + v\theta + \alpha_L(v\theta' - v\theta - k_L)]/2 + dt/4$$

将 w^{D*} 和 p_O^{D*} 代入零售商的反应函数 $p_R(w,p_O)$，得到最优的零售渠道价格 p_R^{D*}。进一步，由双渠道竞争约束 $v > \hat{v}_H$ 和 $\hat{v}_H = (h + k_H + p_R + p_O + dt)/(1 + \theta)$，得到以上均衡结果成立的条件 $v > \hat{v}_1$。

证毕。

条件 $v > \hat{v}_1$ 是为了保证零售商和网络渠道之间存在竞争关系。从定理4.1所述的均衡结果可以看出，w^{D*}、p_O^{D*} 和 p_R^{D*} 都分别随着 v 和 c 的增加而增加。同时，可以得到其他的重要参数对供应链成员的决策变量的影响，叙述如下。

当单位服务成本 c_s 增加时，提供店铺服务的零售商需要支付高额的服务成本，因此，零售商将会制定较高的产品销售价格，以便维持渠道中的边际收益。与此同时，制造商将会降低单位批发价格 w^{D*} 来分担实体零售商店中的高额服务成本，使零售商不至于无法获得正的收益，而被迫退出市场。

当 θ 较低时，市场上的产品信息匮乏，消费者群体普遍低估产品的价值。随着 θ 增加，消费者对产品的预估价值评价 θv 增加，根据消费者效用函数式（4-1），增加的 θv 将会提高消费者直接从网络渠道购买产品时可以获得的效用，因此，制造商有更多的空间可以制定较高的网络渠道价格。与此同时，零售商被迫降低零售渠道价格来吸引消费者，与网络渠道竞争市场。另外，制造商将会维持批发价格不变，相当于让利给零售商，从而达到双渠道供应链中的博弈均衡。

当网络渠道中的搜索成本 h 增加时，制造商需要降低网络渠道价格，而零售商将会提高零售渠道价格。这说明零售商和网络渠道之间的竞争程度随着 h 的增加而有所降低。与之相反的是，当旅行成本 k_L 增加时，零售渠道价格和网络渠道价格都将降低，这说明两个渠道之间的价格竞争变得更加激烈。也就是说，网络搜索成本和旅行成本对双渠道之间的价格竞争的影响不完全相同。根据定理 4.1，可以进一步得到推论 4.1，并可以得到制造商的均衡收益 π_M^{D*} 和零售商的均衡收益 π_R^{D*}。

推论 4.1 当制造商选择策略 D 时，均衡状态下搭便车者的数量 q_F^{D*} 与 c_s、d 和 θ' 呈现正相关关系，而与 c、h、k_L、k_H 和 θ 呈现负相关关系。另外，当且仅当 $\theta' > \hat{\theta}' = [3 + 19\theta(1 - \alpha_L)]/(36 - 19\alpha_L)$ 时，q_F^{D*} 与 v 正相关。

证明：从定理 4.1 可以得到均衡时的搭便车者的数量：

$$q_F^{D*} = \alpha_L[7dt + 36v\theta' - 19v(\theta - \alpha_L\theta + \alpha_L\theta') - 3(v - c_s)]/(24t) + \alpha_L[\alpha_L(9k_H + 10k_L - c_s) - 14c - 17h - 9k_H - 24k_L]/(24t)$$

由于 $0 < \alpha_L < 1$，将 q_F^{D*} 关于 c_s 求一阶导可以得到：

$$\partial q_F^{D*}/\partial c_s = (3 - \alpha_L)\alpha_L/(24t) > 0$$

因此，q_F^{D*} 与 c_s 呈现正相关关系。将 q_F^{D*} 关于 v 求一阶导得到：

$$\partial q_F^{D*}/\partial v = \alpha_L[(36 - 19\alpha_L)\theta' - 3 - 19\theta(1 - \alpha_L)]/(24t)$$

当且仅当 $\theta' > \hat{\theta}' = [3 + 19\theta(1 - \alpha_L)]/(36 - 19\alpha_L)$ 时，有 $\partial q_F^{D*}/\partial v > 0$ 成立，即 q_F^{D*} 与 v 呈现正相关关系。同理，可以证明推论 4.1 中的其他相关关系。

证毕。

下面详细解释推论 4.1 中无法直观得到的结论。如推论 4.1 所述，当单位服务成本 c_s 增加时，会有更多的搭便车者出现。分析原因如下：当 c_s 增大时，实体零售商被迫通过提高零售渠道价格来维持边际收益；然而，增加的零售渠道价格会导致更多的消费者倾向于享受服务后转移到网络渠道购买产品，也就是说，搭便车现象更加严重。

推论 4.1 表明，较大的产品差异化程度将会促使更多的消费者展现出搭便车行为。这个结论与传统认知相反。直觉上认为，两个渠道中产品之间较大的差异化应该能够抑制消费者的跨渠道搭便车行为。然而，从定理 4.1 中的均衡结果可以看出，当产品差异化程度较大时，两个渠道之间的价格差值（$p_R^{D*} - p_O^{D*}$）较大，这就增加了消费者能够从搭便车行为中获得的消费效用。因此，均衡状态下得到，搭便车者的数量 q_F^{D*} 与 d 呈现正相关关系，即搭便车现象会随着两个渠道之间产品差异性的增加而更加严重。

结合图 4-1 和推论 4.1 中的内容可得，虽然 H 类型的消费者不会采取搭便车行为，但是，他们的旅行成本 k_H 将会影响消费者群体的搭便车行为。分析原因如下：当 k_H 较大时，零售商为了吸引 H 类型的消费者，将会降低零售渠道价格。如此一来，H 类型的消费者会被吸引到实体店中，与此同时，会有更多的 L 类型的消费者选择从零售商购买产品，而不再转移到网络渠道，也就是说，消费者的搭便车行为有所减少。因此，搭便车者的数量将会随着 k_H 的增加而降低。

当制造商的单位生产成本 c 增加时，网络渠道价格和单位批发价格都会提高。因此，零售商将会提高零售渠道价格，但是，零售渠道中价格的增幅，没有网络渠道中价格的增幅大，即两个渠道之间的价格差值（$p_R^{D*} - p_O^{D*}$）变小，搭便车行为为消费者带来的效用减少，从而消费者选择搭便车行为的动机降低。因此，如推论 4.1 所述，随着 c 的增加，搭便车者的数量减少。

当消费者对产品的价值评价 v 增加时，网络渠道中的消费者能够从搭便车行为中获得的效用 $v(\theta' - \theta)$ 增加,这将使消费者具有更大的动机成为搭便车者。在与之相对立的另一个方面,零售商店中产品的销售价格随着 v 的增加而增大,这将会在一定程度上抑制消费者的搭便车意愿。可以看出,当 $\theta' - \theta$ 较大时,消费者能够从搭便车行为中获得较高效用。因此,当且仅当 θ' 足够大时,即 $\theta' > \hat{\theta}'$ 时,搭便车者的数量 q_F^{D*} 将与 v 呈现正相关关系。

二 策略 H 下的均衡结果

在策略 H 中,制造商为两个渠道提供完全相同的产品。此时,$d = 0$,即在线性的消费者市场中,两个渠道中提供的产品位于市场上的同一个点。因此,对于任意消费者,都有 $x_O = x_R$。另外,两个渠道中的产品完全相同,因此,$\theta' = 1$,即消费者在零售商店享受服务、补充产品信息后,能够对零售商店和网络渠道中的产品都掌握完整的产品信息。

由于 H 类型的消费者和 L 类型的消费者的旅行成本之间存在关系 $k_H > v(1 - \theta) > k_L$,根据消费者效用函数式(4 - 1)和式(4 - 3),可以得到在策略 H 下始终有 $\bar{u}_{OL} > u_O$ 且 $\bar{u}_{OH} < u_O$。

根据消费者效用函数式(4 - 2)和式(4 - 3),如果 L 类型消费者的效用 $\bar{u}_{OL} > \bar{u}_{RL}$,那么 $p_R - p_O > h$。进一步,根据效用函数式(4 - 1)至式(4 - 3),由 $p_R - p_O > h$ 可以得到 H 类型的消费者效用 $u_O > \bar{u}_{OH} > \bar{u}_{RH}$。因此,当 $p_R - p_O > h$ 时,所有 L 类型消费者都将成为搭便车者,而所有 H 类型的消费者都不会到零售商店享受服务,而是选择直接从网络渠道购买产品。如此一来,将没有消费者从零售渠道购买产品。因此,零售商将被迫降低产品的销售价格,打破条件 $p_R - p_O > h$,约束零售渠道和网络渠道之间的价格差值,使得 $p_R \leq p_O + h$,从而吸引消费者到零售商店购买产品。

另外,由消费者的效用函数式(4 - 1)至式(4 - 3)可知,H 类型的消费者的效用 $\bar{u}_{RH} \geq u_O (> \bar{u}_{OH})$ 等价于 $p_R - p_O \leq v(1 - \theta) + h - k_H (< h)$。另外,对于 L 类型的消费者,如果满足 $p_R - p_O \leq v(1 - \theta) +$

$h - k_H (< h)$，则根据效用函数式（4-1）至式（4-3），可以得到 $\bar{u}_{RL} \geq \bar{u}_{OL} > u_O$。此时，$L$ 类型的消费者和 H 类型的消费者都会从零售商店购买产品，网络渠道中产品的需求量为零。

综上所述，在策略 H 下，消费者的购物行为可能有以下两种情况：

(a) 当 $p_R - p_O \leq v(1-\theta) + h - k_H$ 时，网络渠道的需求量为零，所有的消费者都从零售商店购买产品，或者放弃购买。在这种情况下，双渠道供应链已经退化为单一零售渠道的结构。

(b) 当 $v(1-\theta) + h - k_H < p_R - p_O \leq h$ 时，H 类型的消费者直接从网络渠道购买产品，而 L 类型的消费者将会从零售渠道购买产品。

分别使用下标"a"和"b"来标记策略 H 下的这两种可能情况。在情况（a）中，网络渠道的需求量为 $q_{Oa}^H = 0$，到达零售商店的消费者数量 q_{Va}^H 与零售渠道中的需求量 q_{Ra}^H 相同：

$$q_{Va}^H = q_{Ra}^H = 2\alpha_L \hat{x}_{RL2} + 2\alpha_H \hat{x}_{RH2}$$
$$= 2(v - \bar{k} - p_R)/t$$

其中，$\bar{k} = k_H - \alpha_L k_H + \alpha_L k_L$ 表示的是 H 类型的消费者和 L 类型的消费者的旅行成本的平均值。

在情况（b）中，L 类型的消费者从零售渠道购买产品，H 类型的消费者以不完全的产品信息从网络渠道直接购买产品。因此，到达零售商店的消费者数量 q_{Vb}^H 和零售商的需求量 q_{Rb}^H 相同，表示为：

$$q_{Vb}^H = q_{Rb}^H = 2\alpha_L \hat{x}_{RL2}$$
$$= 2\alpha_L (v - k_L - p_R)/t$$

网络渠道中的需求量为：

$$q_{Ob}^H = 2\alpha_H \hat{x}_{O1}$$
$$= 2\alpha_H (\theta v - h - p_O)/t$$

进一步，得到策略 H 下制造商的收益函数，为：

$$\pi_{Mi}^H = (w-c)q_{Ri}^H + (p_O - c)q_{Oi}^H \tag{4-6}$$

零售商的收益函数为：

$$\pi_{Ri}^H = (p_R - w)q_{Ri}^H - c_s q_{Vi}^H \quad (4-7)$$

其中，$i = a,b$ 代表策略 H 下的两种可能情况。另外，由于网络渠道与零售渠道中销售的产品完全相同，因此，需要满足套利约束 $w \leq p_O$，从而保证零售商不会从网络渠道购买产品后在零售渠道销售。定理 4.2 展示了策略 H 下的博弈均衡结果。

定理 4.2 当制造商选择策略 H 时，均衡结果如下所述：

(1) 如果 $c_s \leq \hat{c}_{s2}$，则网络渠道中的需求量为零，此时，均衡的批发价格和零售渠道价格分别为 $w_a^H = (c + v - c_s - \bar{k})/2$ 和 $p_{Ra}^H = (c + c_s + 3v - 3\bar{k})/4$。进一步，得到零售商和制造商的均衡收益分别为 $\pi_{Ra}^H = (v - c - c_s - \bar{k})^2/(8t)$ 和 $\pi_{Ma}^H = (v - c - c_s - \bar{k})^2/(4t)$。

(2) 如果 $c_s > \hat{c}_{s2}$，则均衡的单位批发价格、网络渠道价格和零售渠道价格分别为：

$$w_b^H = p_{Ob}^H = \begin{cases} (c + \theta v - h)/2, & 若 \hat{c}_{s2} < c_s < \hat{c}_{s1} \\ [c - h + \theta v + \alpha_L(v - \theta v - k_L)]/2, & 若 c_s \geq \hat{c}_{s1} \end{cases}$$

$$p_{Rb}^H = \begin{cases} [2(c_s + v - k_L) + c - h + \theta v]/4, & 若 \hat{c}_{s2} < c_s < \hat{c}_{s1} \\ [c + h + \theta v + \alpha_L(v - \theta v - k_L)]/2, & 若 c_s \geq \hat{c}_{s1} \end{cases}$$

进一步，零售商和制造商的均衡收益分别为：

$$\pi_{Rb}^H = \begin{cases} \pi_{Rb1}^H, & 若 \hat{c}_{s2} < c_s < \hat{c}_{s1} \\ \pi_{Rb2}^H, & 若 c_s \geq \hat{c}_{s1} \end{cases}$$

$$\pi_{Mb}^H = \begin{cases} \pi_{Mb1}^H, & 若 \hat{c}_{s2} < c_s < \hat{c}_{s1} \\ \pi_{Mb2}^H, & 若 c_s \geq \hat{c}_{s1} \end{cases}$$

其中，

$$\hat{c}_{s1} = (c + 3h + 2k_L - 2v + \theta v)/2$$
$$\hat{c}_{s2} = (c + 3h - 4k_H + 2k_L + 2v - 3\theta v)/2$$
$$\pi_{Rb1}^H = \alpha_L[2(v - c_s - k_L) + h - c - \theta v]^2/(8t)$$
$$\pi_{Rb2}^H = \alpha_L(h - c_s)[2v - c - h - 2k_L - \theta v - \alpha_L(v - \theta v - k_L)]/t$$

$$\pi_{Mb1}^H = (\theta v - c - h)[2(\theta v - c - h) + \alpha_L(c + 3h + 2v - 2c_s - 2k_L - 3\theta v)]/(4t)$$

$$\pi_{Mb2}^H = \{\theta v - c - h + \alpha_L[v(1-\theta) - k_L]\}^2/(2t)$$

证明：(1) 当 $p_R - p_O \leq v(1-\theta) + h - k_H$ 时，根据零售商的收益函数式 (4-7)，得知情况 (a) 中零售商收益 π_{Ra}^H 是关于零售价格 p_R 的凹函数。求解一阶条件 $\partial \pi_{Ra}^H/\partial p_R = 0$，可以得到零售商的反应函数 $p_{Ra}(w) = (c_s + v + w - \bar{k})/2$。将 $p_{Ra}(w)$ 代入 π_{Ma}^H，可得：

$$\pi_{Ma}^H(w) = (w-c)(v - c_s - w - \bar{k})/t$$

由于 $\pi_{Ma}^H(w)$ 是关于 w 的凹函数，求解一阶条件 $\mathrm{d}\pi_{Ma}^H(w)/\mathrm{d}w = 0$，可以得到最优的批发价格 $w_a^{H*} = (c + v - c_s - \bar{k})/2$。进一步可以求得最优的零售渠道价格 p_{Ra}^{H*} 和供应链成员的最优收益。此证明的最后会给出 c_s 的范围，使得条件 $p_R - p_O \leq v(1-\theta) + h - k_H$ 能够被满足。

(2) 考虑 $v(1-\theta) + h - k_H < p_R - p_O \leq h$ 的情况。首先假设满足条件 $p_R - p_O > v(1-\theta) + h - k_H$，在此证明的最后会给出对应的 c_s 的范围。根据零售商的收益函数式 (4-7)，求情况 (b) 中零售商收益 π_{Rb}^H 关于 p_R 的二阶导数，得 $\partial^2 \pi_{Rb}^H/\partial p_R^2 = -4\alpha_L/t < 0$，所以 π_{Rb}^H 是关于 p_R 的凹函数。求解 π_{Rb}^H 关于 p_R 的一阶条件 $\partial \pi_{Rb}^H/\partial p_R = 0$，得到 $p_{Rb1}(w) = (c_s - k_L + v + w)/2$。进一步，条件 $p_{Rb1}(w) < p_O + h$ 等价于 $w < \hat{w}^H(p_O) = 2h + k_L + 2p_O - c_s - v$。因此，零售商的最优反应函数可以表示为：

$$p_{Rb}^H(w, p_O) = \begin{cases} p_{Rb1}(w), & \text{若 } w < \hat{w}^H(p_O) \\ p_O + h, & \text{其他} \end{cases}$$

根据制造商的收益函数式 (4-6)，将 $p_{Rb1}(w)$ 代入情况 (b) 中的制造商收益 π_{Mb}^H，可以得到：

$$\pi_{Mb1}^H(w, p_O) = [\alpha_L(w-c)(v - w - c_s - k_L) + 2\alpha_H(p_O - c)(\theta v - h - p_O)]/t$$

由于 $\pi_{Mb1}^H(w,p_O)$ 关于 (w,p_O) 的海塞矩阵为负定矩阵，通过联立求解 $\pi_{Mb1}^H(w,p_O)$ 关于 p_O 和 w 的一阶条件 $\partial \pi_{Mb1}^H(w,p_O)/\partial p_O = 0$ 和 $\partial \pi_{Mb1}^H(w,p_O)/\partial w = 0$，可以分别得到 $p_{Ob1}^H = (c+\theta v-h)/2$ 和 $w_{b1} = (c+v-c_s-k_L)/2$。本章通过假设 $c_s < h$ 来限制单位服务成本，从而保证零售商可以获得正的收益。由 $h > c_s$ 和 $k_L < v(1-\theta)$，可知 $p_{Ob1}^H - w_{b1} = -[(h-c_s)+v(1-\theta)-k_L]/2 < 0$。因此，在套利约束 $w \leq p_O$ 的限制下，有 $w_{b1}^H = p_{Ob1}^H$。进一步，零售商反应函数中的条件 $w_{b1}^H < \hat{w}^H(p_{Ob1}^H)$ 等价于 $c_s < \hat{c}_{s1} = (c+3h+2k_L-2v+\theta v)/2$。将 $p_{Rb}^H(w,p_O) = p_O + h$ 代入情况（b）中的制造商收益 π_{Mb}^H，可以得到：

$$\pi_{Mb2}^H(w,p_O) = 2[\alpha_L(w-c)(v-h-k_L-p_O) + \alpha_H(p_O-c)(\theta v-h-p_O)]/t$$

可以看出，$\pi_{Mb2}^H(w,p_O)$ 是关于 w 的增函数。为满足套利约束 $w \leq p_O$，有 $w_{b2}(p_O) = p_O$。由于 $\pi_{Mb2}^H(p_O,p_O)$ 是关于 p_O 的凹函数，求解一阶条件 $\mathrm{d}\pi_{Mb2}^H(p_O,p_O)/\mathrm{d}p_O = 0$，可以得到 $p_{Ob2}^H = [c-h+\theta v+\alpha_L(v-\theta v-k_L)]/2$。

下面给出不同情况下 c_s 的范围。从 $k_H > v(1-\theta)$ 可知，当 $p_R = p_O + h$ 时，能够满足 $p_R - p_O > v(1-\theta)+h-k_H$。因此，只需要考虑 $c_s < \hat{c}_{s1}$ 时，均衡满足 $p_R < p_O + h$。此时，$p_{Rb1}(w_{b1}^H) - p_{Ob1}^H > v(1-\theta)+h-k_H$ 等价于 $c_s > \hat{c}_{s2} = (c+3h-4k_H+2k_L+2v-3\theta v)/2$，由 $k_H > v(1-\theta)$ 可以得到 $\hat{c}_{s1} > \hat{c}_{s2}$。

证毕。

从定理 4.2 可以看出，如果单位服务成本足够低，即 $c_s \leq \hat{c}_{s2}$，将没有消费者选择从网络渠道购买产品；否则，H 类型的消费者直接从网络渠道购买产品，L 类型的消费者从零售商店购买产品，即没有搭便车者。当 $c_s \geq \hat{c}_{s1}$ 时，零售商将制定较低的零售渠道价格 $p_R = p_O + h$，用来抑制消费者的搭便车行为。当 $\hat{c}_{s2} < c_s < \hat{c}_{s1}$ 时，零售渠道价格随着网络渠道搜索成本 h 的增加而降低。但是，当 $c_s \geq \hat{c}_{s1}$ 时，

零售渠道价格随着 h 的增加而提高。也就是,单位服务成本的值将会改变 h 对零售渠道价格的影响。

三 制造商的双渠道产品差异化策略

通过比较策略 D 和策略 H 下制造商的收益情况,可以得到制造商在不同条件下的最优双渠道产品策略,从而揭示制造商选择产品差异化策略的规律。由定理 4.2 可以得到制造商在策略 H 下能够获得的收益,表示为:

$$\pi_M^{H*} = \begin{cases} \pi_{Ma}^H, & 若 c_s \leqslant \hat{c}_{s2} \\ \pi_{Mb}^H, & 若 c_s > \hat{c}_{s2} \end{cases}$$

另外,只有当产品差异化策略的固定成本 F 不是特别大时,制造商才会考虑是否将两个渠道中的产品进行差异化;否则,过高的产品差异化成本将会迫使制造商放弃产品差异化策略。在定理 4.3 中描述了关键性因素对制造商的双渠道产品策略的影响。

定理 4.3 (1) 当满足以下两种情况之一时,制造商将会选择双渠道产品差异化策略: $d \geqslant \hat{d}_+$ 或者 $\hat{d}_+$ 不存在。其中, $\hat{d}_+$ 是求 $\pi_M^{D*} - \pi_M^{H*} = 0$ 关于 d 的解时得到的最大的根。

(2) 当满足以下两种情况之一时,制造商将会选择双渠道产品差异化策略:当 $c_s \leqslant \hat{c}_{s2}$ 时, $\hat{k}_{Ha\pm}$ 存在,且 $k_H \in (\hat{k}_{Ha-}, \hat{k}_{Ha+})$;或者,当 $c_s > \hat{c}_{s2}$ 时, $k_H \notin (\hat{k}_{Hb-}, \hat{k}_{Hb+})$ 或者 $\hat{k}_{Hb-}$ 与 $\hat{k}_{Hb+}$ 二者之一不存在。其中, $\hat{k}_{Hi\pm}$ 是求 $\pi_M^{D*} - \pi_{Mi}^H = 0$ 关于 k_H 的解时得到的两个根($i = a, b$)。

证明:(1) 根据策略 D 下制造商的收益函数式(4-4)和定理 4.1 中的均衡解,可以得到,制造商的均衡收益 π_M^{D*} 是关于 d 的增函数。另外,策略 H 下的制造商收益 π_M^{H*} 与 d 无关。因此,两种策略下制造商均衡收益差 $\pi_M^{D*} - \pi_M^{H*}$ 是关于 d 的增函数。进一步,求 $\pi_M^{D*} - \pi_M^{H*}$ 关于 d 的二阶导函数,可以得到 $\partial^2(\pi_M^{D*} - \pi_M^{H*})/\partial d^2 = 5t/24 > 0$,因此, $\pi_M^{D*} - \pi_M^{H*}$ 是关于 d 的单调递增凸函数。标记 $\pi_M^{D*} - \pi_M^{H*} = 0$ 时较大的 d 根为 $\hat{d}_+$。那么,若 $\hat{d}_+$ 存在,则当且仅当 $d > \hat{d}_+$ 时,有

$\pi_M^{D*} - \pi_M^{H*} > 0$ 成立；或者当 $\hat{d}_+$ 不存在时，有 $\pi_M^{D*} - \pi_M^{H*} > 0$ 始终成立。

（2）当 $c_s \leqslant \hat{c}_{s2}$ 时，策略 H 下的制造商收益为 π_{Ma}^H，如定理 4.2 所示。求 $\pi_M^{D*} - \pi_{Ma}^H$ 关于 k_H 的二阶导函数，有 $\partial^2(\pi_M^{D*} - \pi_{Ma}^H)/\partial k_H^2 = -(1-\alpha_L)^2/(8t) < 0$，因此，$\pi_M^{D*} - \pi_{Ma}^H$ 是关于 k_H 的凹函数。标记 $\pi_M^{D*} - \pi_{Ma}^H = 0$ 时的两个 k_H 根为 $\hat{k}_{Ha\pm}$。那么，若 $\hat{k}_{Ha\pm}$ 存在且 $k_H \in (\hat{k}_{Ha-}, \hat{k}_{Ha+})$，$\pi_M^{D*} - \pi_{Ma}^H > 0$ 成立。

同理可得，当 $c_s > \hat{c}_{s2}$ 时，$\pi_M^{D*} - \pi_{Mb}^H > 0$ 成立的条件。

证毕。

当 d 较大时，说明两个渠道中提供的产品之间的差异性较大。从定理 4.3 可以看出，当产品差异化的固定成本 F 不是特别大时，制造商将会在 d 较小时选择策略 H，否则，制造商会选择策略 D。与在双渠道中提供完全相同的产品的情况相比，在策略 D 中，两个渠道中具有差异性的产品之间的价格竞争被削弱，从而两个渠道的需求量都会有所增加，制造商的收益水平将会因此提高。而且，产品的差异化程度越大，制造商能够从双渠道产品差异化策略中获得的收益越多，这将会促使制造商更有动机选择策略 D。

综上所述，在双渠道供应链中，制造商最优的产品策略是将网络渠道和零售渠道中的产品之间进行较大程度的差异化，其次是提供完全相同的产品，这两个策略都比在双渠道中提供具有差异性但差异化程度较小的产品策略能够为制造商带来更高的收益。

定理 4.3（2）表明，当市场上消费者的旅行成本发生变化时，制造商在双渠道供应链中的最优产品策略将会发生改变。制造商需要根据消费者旅行成本的大小，制定相应的产品策略。另外，零售商提供服务的单位成本会改变消费者的旅行成本对制造商产品策略的影响。

四 数值算例分析

为了更加直观形象地展现关于双渠道产品差异化策略的结论，

这里给出一个数值算例。通过对数值算例结果的分析，还可以进一步得到更多的管理启示。数值算例中的默认参数值设置如下：$c = 30$，$d = 5$，$F = 10$，$h = 4.5$，$k_H = 6.8$，$k_L = 4.4$，$t = 0.2$，$v = 45$，$\alpha_L = 0.4$，$\alpha_H = 0.6$，$\theta = 0.85$，$\theta' = 0.95$。如定理 4.2 所述，如果制造商选择策略 H，在求均衡解时会出现多种情况，不同情况下策略 H 的均衡解不相同。那么，在数值算例的参数值设置时，需要考虑包含策略 H 中可能出现的所有情况。如图 4-2 和图 4-3 所展示的策略 H 下的需求曲线和收益曲线，都包含 c_s 较小、c_s 适中和 c_s 较大三段直线，分别对应于定理 4.2 中 $c_s \leq \hat{c}_{s2}$、$\hat{c}_{s2} < c_s < \hat{c}_{s1}$ 和 $c_s \geq \hat{c}_{s1}$ 三种情况。以单位服务成本 c_s 为研究参数，通过改变 c_s 的值，研究供应链成员决策和收益的变化，进一步探究制造商在双渠道供应链中的最优产品策略。图 4-2 中使用带下标"T"的 q_T^{H*} 和 q_T^{D*} 分别表示策略 H 和策略 D 下的市场总需求量；图 4-3 中使用 π_T^{H*} 和 π_T^{D*} 分别表示策略 H 和策略 D 下整个供应链的总收益。

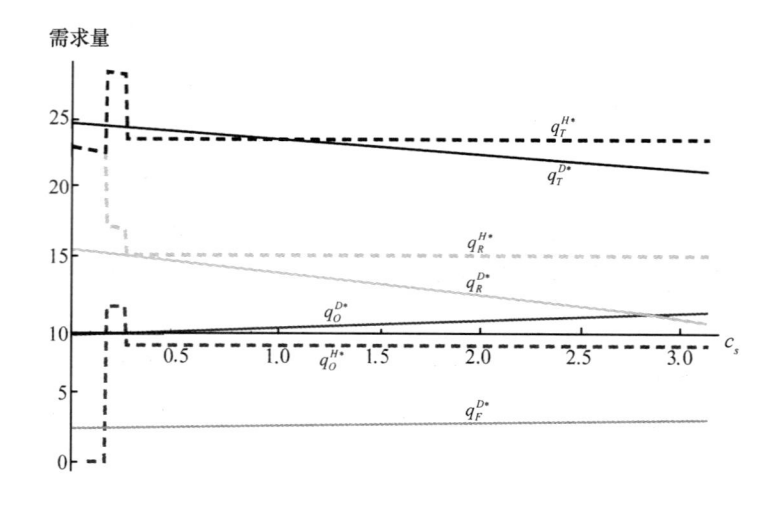

图 4-2 需求量随着单位服务成本变化

从图 4-2 可以看出，策略 D 下的零售渠道需求量 q_R^{D*} 低于策略

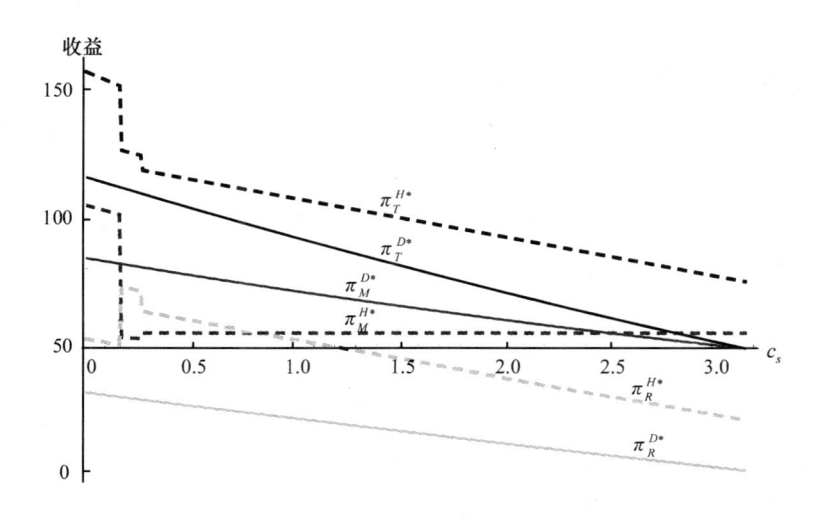

图 4-3 收益随着单位服务成本变化

H 下的零售渠道需求量 q_R^{H*}。分析产生这个结果的原因：当制造商在网络渠道和零售商店中提供完全相同的产品时，两个渠道之间的价格竞争非常激烈；网络渠道由于不需要支付店铺成本而具有一定的价格优势，因此，在同质产品具有较低网络价格的竞争压力下，为了避免网络渠道中同质产品的市场蚕食，零售商被迫降低零售渠道价格以吸引消费者。相对地，当制造商采取双渠道产品差异化策略时，具有差异性的产品可以弱化渠道之间的价格竞争，此时，零售商可以制定较高的零售渠道价格。较高的渠道价格导致较低的渠道需求量，因此，策略 D 下的零售渠道需求量低于策略 H。

策略 H 下零售商降低零售渠道价格，造成两个渠道之间的价格差值缩小，因此，市场上大量的消费者被吸引到零售商店购买产品，这就造成策略 H 下的网络渠道需求量降低。如图 4-2 所示，大多数情况下策略 H 的网络渠道需求量 q_O^{H*} 低于策略 D 的网络渠道需求量 q_O^{D*}。尤其是当单位服务成本特别小的时候，网络渠道中的需求量为零。另外，当单位服务成本适中，即满足 $\hat{c}_{s2} < c_s < \hat{c}_{s1}$ 时，策略 H 下

的网络渠道需求量较高,同时,策略 H 下整个供应链的总需求量较高。

另外,从图 4-2 可以看出,在策略 D 下的搭便车者数量 q_F^{D*} 不为零,而策略 H 下的搭便车者数量为零。这是一个与直觉相反的结论。根据直觉,在双渠道产品差异化策略的影响下,消费者将会因为网络渠道和零售商店提供的产品具有差异性而减少搭便车行为;相反地,如果两个渠道的产品完全相同,那么,消费者将会更加倾向于搭便车。然而,直觉中缺少考虑供应链成员的定价决策对于消费者行为的影响。在策略 H 下,零售商为了避免网络渠道中同质产品的市场蚕食,被迫降低零售渠道价格,从而缩小两个渠道中同质产品的价格差值。缩小的价格差值将会削弱消费者的搭便车意愿,抑制搭便车行为。相应地,在策略 D 下,两个渠道中具有差异性的产品之间具有较大的价格差值,因此,消费者具有强烈的意愿成为搭便车者,同时享受零售商店的产品信息服务和网络渠道中较低的产品价格。随着单位服务成本增加,零售商被迫提高产品价格以维持边际收益,从而两个渠道之间的价格差值进一步扩大,造成搭便车者的数量 q_F^{D*} 随着 c_s 增加而增加。

图 4-3 显示,如果单位服务成本 c_s 很大或者很小,那么制造商能够从策略 H 中获得更高的收益;否则,制造商在策略 D 下的收益更高。另外,虽然双渠道产品差异化策略在一定条件下能够为制造商带来更高的收益,但是,该策略对零售商和整个双渠道供应链是有害的。具体来说,制造商为两个渠道产品决策批发价格,当渠道中的产品完全相同时,作为上游的制造商会制定较低的批发价格以缓解与下游零售商之间的渠道冲突;当两个渠道中产品具有差异性时,价格竞争弱化,制造商可以制定较高的批发价格。所以,策略 D 下较高的批发价格将会加重双重边际效应,降低零售商和整个供应链的收益。

结合图 4-3 和定理 4.2 可以发现,在策略 H 下,如果单位服务成本较低,即 $c_s \leq \hat{c}_{s2}$,没有消费者从网络渠道购买产品,双渠道供应链退化为单一渠道结构。制造商与下游零售商之间不存在渠道冲突，因此可以获得较高的收益。当 $c_s > \hat{c}_{s2}$ 时，网络渠道和零售渠道竞争市场，渠道冲突情况下的制造商收益降低。如果制造商选择策略 D，具有差异性的产品能够弱化渠道之间的价格竞争。因此，当 $c_s > \hat{c}_{s2}$ 时，制造商从策略 D 中获得的收益高于从策略 H 中获得的收益。但是，如果单位服务成本过高，受到搭便车行为的影响，策略 D 下的零售商收益接近于零，制造商收益也逐渐减少。而策略 H 下没有搭便车现象，因此制造商收益不受 c_s 增加的影响。最终，当单位服务成本过高时，制造商在策略 D 下的收益低于策略 H。综上所述，当 c_s 较小时，制造商应该采取策略 H，并且获得最优产品策略下的最大收益；随着 c_s 增加，制造商在最优产品策略下的收益降低，最优产品策略为策略 D；当 c_s 过大时，最优产品策略为策略 H。

第四节　扩展模型：产品同时横向和纵向差异化

为了使研究模型更加贴近现实情景，进一步刻画消费者群体的异质性特征，探索供应链成员根据自身历史信息和交互者反馈信息的学习、博弈和决策过程，基于多代理建模思想，构建双渠道供应链的计算实验模型，进行扩展研究。扩展模型中包括一个制造商代理、一个零售商代理和 N 个消费者代理。每一个代理都在多个周期的学习过程中，根据计算实验中制定的调整规则最优化决策，以达到自身收益、效用的最大化。使用下标"E"来标记本节扩展模型中使用的各种符号。

一　扩展模型假设

与基本模型相比，扩展模型研究双渠道产品差异化策略时，同时考虑两个渠道中产品的横向差异化和纵向差异化，并进一步讨论消费者群体异质性对供应链成员的决策和收益的影响。具体来说，主要从以下三个方面对基本模型进行扩展。

（1）如果制造商选择策略 D，那么，将会同时对两个渠道中的产品进行横向差异化和纵向差异化，即零售渠道和网络渠道中的产品不仅在颜色和款式上存在差异，而且在产品的质量和性能上存在差异。具体来说，当消费者在零售商店享受店铺服务、补充产品信息后，对零售渠道中的产品的价值评价记为 v_R。如果已经掌握网络渠道中的产品的完整信息，则消费者对网络渠道中的产品的价值评价记为 v_O。另外，存在纵向差异的产品的单位生产成本不相同，标记零售渠道和网络渠道中产品的单位生产成本分别为 c_R 和 c_O。

（2）异质的消费者群体的旅行成本和网络搜索成本分别服从均匀分布。对于任意的消费者 j（$j = 1, 2, \cdots, N$），旅行成本服从均匀分布 $k_j \sim U[k_{\min}, k_{\max}]$，其中 $k_{\min}$ 和 $k_{\max}$ 分别表示消费者群体旅行成本的下边界和上边界；网络搜索成本服从均匀分布 $h_j \sim U[h_{\min}, h_{\max}]$，其中 $h_{\min}$ 和 $h_{\max}$ 分别表示消费者群体网络搜索成本的下边界和上边界。

（3）消费者群体的异质性还体现在对产品的偏好不同。在线性的消费者市场中，任意的消费者 j 根据其偏好的理想型产品的特征不同，相互独立，并且整体服从正态分布，即 $x_j \sim N(0, \sigma^2)$。0 点是消费者偏好分布的均值点，也是线性消费者市场的中心点，如图 4 − 4 所示。

不失一般性地，假设在策略 D 下，零售渠道中的产品在消费者偏好分布的线性市场中位于点 $-d/2$，而网络渠道中的产品位于点 $d/2$，两个渠道中的产品关于消费者群体的正态分布的均值 0 点对称。图 4 − 4 描述了扩展模型中对产品的偏好服从正态分布的消费者市场。

那么，任意的消费者 j 偏好的理想型产品与网络渠道中的产品之间的差别距离为 $|x_j - d/2|$。同理，消费者 j 的理想型产品与零售商

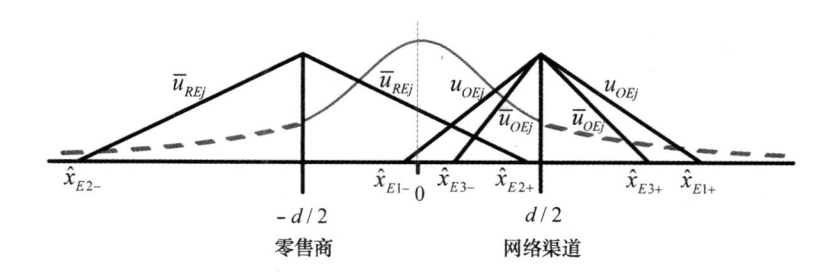

第四章 搭便车行为影响下的双渠道产品差异化策略

图 4-4 服从正态分布的消费者市场

提供的产品的差别距离为 $|x_j + d/2|$。进一步，可以得到不同的购买行为产生的消费者效用。具体来说，当消费者 j 以不完整的产品信息直接从网络渠道中购买产品时，可以获得的效用为：

$$u_{OEj}(h_j) = \theta v_O - p_O - |x_j - d/2|t - h_j \quad (4-8)$$

其中，θv_O 是消费者对网络渠道中产品信息掌握不完全而导致的对产品价值的低估；$|x_j - d/2|t$ 是当消费者从网络渠道中购买非理想型产品时，需要承担的成本。

当消费者 j 从实体零售商店购买产品时，能够获得的消费者效用为：

$$\bar{u}_{REj}(k_j) = v_R - p_R - |x_j + d/2|t - k_j \quad (4-9)$$

其中，$|x_j + d/2|t$ 是由于消费者从零售渠道中购买非理想型产品，而需要承担的成本。

任意的搭便车者 j 既需要支付到达零售商店的旅行成本 k_j，也需要支付网络渠道中的搜索成本 h_j，因此，搭便车者 j 的消费者效用可以表示为：

$$\bar{u}_{OEj}(k_j, h_j) = \theta' v_O - p_O - |x_j - d/2|t - k_j - h_j \quad (4-10)$$

其中，$\theta' v_O$ 是消费者在零售商店中享受店铺服务、补充零售商店中完整的产品信息后，对网络渠道中具有差异性的产品的价值评价。

消费者 j 将会根据效用最大化的原则，通过比较不同的购买行为产生的效用，选择能够为自己带来最大效用的购买途径。比如，当且仅当消费者 j 从搭便车行为中获得的效用最大且大于零时，即 $\bar{u}_{OEj}(k_j, h_j) > \max\{\bar{u}_{REj}(k_j), u_{OEj}(h_j)\}(>0)$ 时，消费者 j 将会采取搭便车行为。

消费者 j 的旅行成本和网络搜索成本分别服从均匀分布 $k_j \sim U[k_{\min}, k_{\max}]$ 和 $h_j \sim U[h_{\min}, h_{\max}]$，因此，在求解非负的消费者效用的边界值时，需要将均匀分布中的上边界 $k_{\max}$ 和 $h_{\max}$ 代入消费者的效用函数式（4-8）至式（4-10），分别求 $u_{OEj}(h_{\max}) = 0$、$\bar{u}_{REj}(k_{\max}) = 0$ 和 $\bar{u}_{OEj}(k_{\max}, h_{\max}) = 0$ 关于 x_j 的解。每个式子中都能够得到两个关于 x_j 的解，取其中的较大值，分别表示为消费者非负效用的上边界值 $\hat{x}_{E1+}$、$\hat{x}_{E2+}$ 和 $\hat{x}_{E3+}$；另外的较小值，分别表示为消费者非负效用的下边界值 $\hat{x}_{E1-}$、$\hat{x}_{E2-}$ 和 $\hat{x}_{E3-}$。那么，当消费者对产品的偏好在线性市场上位于上下边界值之间时，便能够从相应的购买行为中获得非负的消费者效用。结合图 4-4 中的消费者市场进行举例说明，如果消费者的位置 $x_j \in (\hat{x}_{E1-}, \hat{x}_{E1+})$，由效用函数式（4-8）可知，此时的消费者效用大于零，那么，消费者有可能选择以不完整的产品信息直接从网络渠道购买；否则，消费者的位置 $x_j \notin (\hat{x}_{E1-}, \hat{x}_{E1+})$，消费者效用小于零，那么，消费者将不会选择直接购买网络渠道中的产品。

与基本模型中的假设相一致，扩展模型中的消费者对两个渠道产品的价值评价 v_O 和 v_R 都足够大，从而能够保证在策略 D 下零售商和网络渠道之间存在竞争关系。结合图 4-4 和消费者非负效用的边界值，将其中一个竞争约束条件表示为：

$$(\hat{x}_{E1+} - d/2) + [\hat{x}_{E2+} - (-d/2)] > d \Leftrightarrow$$
$$\hat{x}_{E1+} + \hat{x}_{E2+} > d$$

在线性消费市场中对产品的偏好满足 $\hat{x}_{E1+} + \hat{x}_{E2+} > d$ 的消费者需要抉择直接从网络渠道购买或者从零售渠道购买产品。另外一个竞争约束条件可表示为：

$$[\hat{x}_{E2+} - (-d/2)] + (\hat{x}_{E3+} - d/2) > d \Leftrightarrow$$

$$\hat{x}_{E2+} + \hat{x}_{E3+} > d$$

对产品的偏好满足 $\hat{x}_{E2+} + \hat{x}_{E3+} > d$ 的消费者,在零售商店补充产品信息后,选择从零售渠道购买产品或者搭便车到网络渠道购买。综上所述,为了保证策略 D 中的零售商和网络渠道之间存在竞争关系,需要满足约束条件 $\hat{x}_{E1+} + \hat{x}_{E2+} > d$ 和 $\hat{x}_{E2+} + \hat{x}_{E3+} > d$。

根据消费者效用理论确定消费者的购买行为,两个渠道中的需求随之实现,扩展模型中策略 D 下零售商的收益函数与基本模型中的零售商收益函数式 (4-5) 相同;另外,扩展模型中策略 D 下制造商的收益函数可表示为:

$$\pi_{ME}^{D} = (w - c_R)q_R^D + (p_O - c_O)q_O^D - F \qquad (4-11)$$

策略 H 下的消费市场与策略 D 下的消费市场设置基本相同。特别地,当制造商选择策略 H 时,两个渠道中提供的产品完全相同,相同的产品位于线性市场上的同一个点。不失一般性地,设置策略 H 下双渠道中的产品均位于消费者市场中正态分布的均值 0 点。另外,两个渠道中相同产品的单位生产成本相同,设置为策略 D 下具有差异性的产品的单位生产成本的均值,即 $(c_R + c_O)/2$;同时,消费者对相同产品的价值评价相同,设置为策略 D 下消费者对具有差异性的产品的价值评价的均值,即 $(v_R + v_O)/2$。

市场需求实现之后,扩展模型中策略 H 下零售商的收益函数与基本模型中的零售商收益函数式 (4-5) 相同;另外,扩展模型中策略 H 下制造商的收益函数为:

$$\pi_{ME}^{H} = [w - (c_R + c_O)/2]q_R^H + [p_O - (c_R + c_O)/2]q_O^H - F$$
$$(4-12)$$

二 计算实验学习规则

制造商和零售商在多周期的计算实验中,根据历史数据,遵循调整规则进行学习,达到最优化决策变量的目的。计算实验的总周

期数为 $T+1$，使用下标"i"来表示多个计算实验周期中的任意第 i 周期($i=0,1,2,\cdots,T$)。其中，第 0 周期是计算实验的初始周期，系统在初始周期内完成初始化，包括供应链成员的属性和决策变量的初始化以及市场上异质消费者群体的初始化。初始化之后，多个代理在接下来的 T 个计算实验周期内交互作用，决策互相影响，最终达到整个供应链系统的稳定状态。

以在第 $i+1$ 周期中制造商和零售商制定决策变量为例，详细叙述计算实验中的学习规则。第 $i+1$ 周期的单位批发价格表示为 w_{i+1}，网络渠道价格为 $p_{O(i+1)}$，零售渠道价格为 $p_{R(i+1)}$。基于第 i 周期中的历史数据，根据计算实验中的学习规则，优化和制定第 $i+1$ 周期的决策变量。将在每个周期内调整决策变量的单位变化量设置为 δ。δ 足够小，使得通过每个周期内单位变化量的调整，逐渐在多个周期的计算实验中达到决策变量的最优化。

对于第 $i+1$ 周期的批发价格 w_{i+1}，制造商共有三种可能的决策：将第 i 周期的批发价格增加单位变化量，制定 $w_{i+1} = w_i + \delta$；将第 i 周期的批发价格减少单位变化量，制定 $w_{i+1} = w_i - \delta$；或者维持第 i 周期的批发价格不变，制定 $w_{i+1} = w_i$。同样地，基于第 i 周期中关于网络渠道价格的历史数据，制造商对于第 $i+1$ 周期的网络渠道价格共有三种可能的决策：$p_{O(i+1)} = p_{Oi} + \delta$，$p_{O(i+1)} = p_{Oi} - \delta$ 或者 $p_{O(i+1)} = p_{Oi}$。另外，零售商对于零售渠道价格也有三种可能的决策：$p_{R(i+1)} = p_{Ri} + \delta$，$p_{R(i+1)} = p_{Ri} - \delta$ 或者 $p_{R(i+1)} = p_{Ri}$。综上所述，整个供应链系统中成员代理的决策变量共有 $3 \times 3 \times 3 = 27$ 种可能，如图 4-5 所示。制造商和零售商之间进行斯坦克伯格博弈，其中制造商是博弈中的领导者，零售商是博弈中的跟随者。所以，在图 4-5 中制造商首先进行关于 w_{i+1} 和 $p_{O(i+1)}$ 的同时决策，然后根据制造商每一种可能的决策，零售商再进行关于 $p_{R(i+1)}$ 的决策。

遵循博弈论中的"逆向归纳法"的思想，制定计算实验中的调整规则。具体来说，制造商共有 $3 \times 3 = 9$ 个决策分支，对应于制造商的每一个决策分支，零售商都有三种可能的决策，共同组成三种

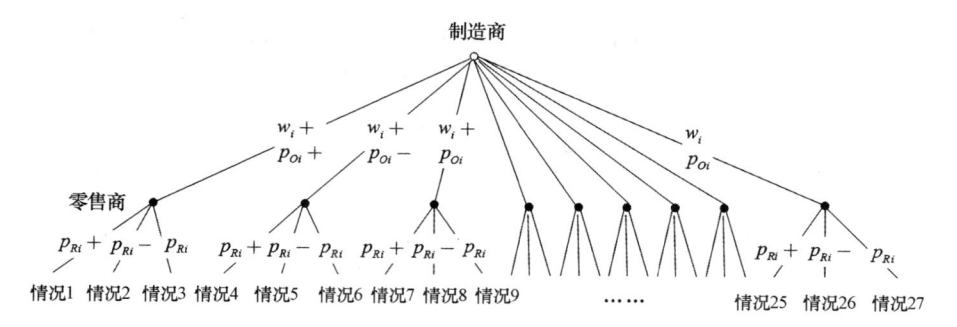

图 4−5 斯坦克伯格博弈在第 $i+1$ 周期可能的决策情况

注:图中决策分支上的 $p_{Ri}+$ 代表 $p_{R(i+1)}=p_{Ri}+\delta$,$p_{Ri}-$ 代表 $p_{R(i+1)}=p_{Ri}-\delta$,p_{Ri} 代表 $p_{R(i+1)}=p_{Ri}$。同理,$p_{Oi}+$ 代表 $p_{O(i+1)}=p_{Oi}+\delta$,$p_{Oi}-$ 代表 $p_{O(i+1)}=p_{Oi}-\delta$,p_{Oi} 代表 $p_{O(i+1)}=p_{Oi}$。w_i+ 代表 $w_{i+1}=w_i+\delta$,w_i- 代表 $w_{i+1}=w_i-\delta$,w_i 代表 $w_{i+1}=w_i$。

可能的决策情况,如情况 1、情况 2 和情况 3。零售商在这三种可能的决策情况中找到使自身收益最大化的情况。举例说明,如果零售商从情况 1 中获得的收益高于从情况 2 和情况 3 中所获得的收益,那么,当制造商决策 $w_{i+1}=w_i+\delta$ 和 $p_{O(i+1)}=p_{Oi}+\delta$ 时,零售商将会决策 $p_{R(i+1)}=p_{Ri}+\delta$ 来最大化自身收益。

作为斯坦克伯格博弈中的领导者,制造商具有先动优势,能够知道当制造商决策 $w_{i+1}=w_i+\delta$ 和 $p_{O(i+1)}=p_{Oi}+\delta$ 时,零售商将会决策 $p_{R(i+1)}=p_{Ri}+\delta$。因此,制造商将 $w_{i+1}=w_i+\delta$、$p_{O(i+1)}=p_{Oi}+\delta$ 和 $p_{R(i+1)}=p_{Ri}+\delta$ 代入收益函数,即策略 D 下的制造商收益函数式(4−11)或者策略 H 下的制造商收益函数式(4−12),得到对应于该决策分支的制造商收益。同理,制造商可以得到每一个决策分支对应的收益。通过比较所有决策分支下的收益,制造商选择能够使自身收益最大化的决策分支,制定第 $i+1$ 周期的批发价格和网络渠道价格。同时,零售商在第 $i+1$ 周期的零售渠道价格将会随之确定。举例说明,如图 4−5 所示,若制造商从第二个决策分支中获得的收益最高,则制造商将会在第 $i+1$ 周期决策 $w_{i+1}=w_i+\delta$ 和 $p_{O(i+1)}=p_{Oi}-\delta$;进一步,如果零售商在情况 5 中获得的收益高于在情况 4 和情况 6 中获得的收益，那么，零售商将会在得知制造商决策后制定 $p_{R(i+1)} = p_{Ri} - \delta$。所以，在这个例子中，供应链成员代理在第 $i+1$ 周期的最优决策为 $w_{i+1} = w_i + \delta, p_{O(i+1)} = p_{Oi} - \delta, p_{R(i+1)} = p_{Ri} - \delta$。

制造商和零售商根据上述任意的第 $i+1$ 周期内决策变量的学习规则，在供应链系统初始化之后的 T 个计算实验周期内进行学习，调整和优化决策变量，以达到自身收益的最大化。

三　计算实验结果与分析

计算实验的运行环境为：标准的 ThinkPad 笔记本电脑，配置微软 Windows 7 操作系统和 Eclipse Java Neon 环境（Java 版本为 1.8.0_102）。对供应链系统进行初始化时，需要设置系统中的默认参数值。其中，供应链成员决策变量的初始值设置为 $p_{R0} = 37$、$p_{O0} = 32$ 和 $w_0 = 31$。进一步，选择决策变量初始值的近百分之一的数量级，设置多周期计算实验中每个周期内调整决策变量的单位变化量：$\delta = 0.5$。异质的消费者群体具有整体服从均匀分布的旅行成本和网络搜索成本，分别设置旅行成本为 $k_j \sim U(4,6)$，网络搜索成本为 $h_j \sim U(3,5)$。计算实验总的周期数设置为 $T = 50$，即供应链系统中的多代理在 50 个周期内学习和优化决策变量。对于计算实验中的其他参数，为每一个参数设置 5 个不同的参数值。具体的默认参数值设置如表 4-1 所示。

表 4-1　　　　　　　　　计算实验中的参数值

参数	值
v_R	46.0, 46.3, 46.6, 46.9, 47.2
v_O	44.7, 45.0, 45.3, 45.6, 45.9
σ	7.0, 7.5, 8.0, 8.5, 9.0
c_R	28.8, 29.1, 29.4, 29.7, 30.0
c_O	27.3, 27.6, 27.9, 28.2, 28.5

续表

参数	值
F	9.0, 9.5, 10.0, 10.5, 11.0
c_s	2.1, 2.3, 2.5, 2.7, 2.9
θ	0.83, 0.84, 0.85, 0.86, 0.87
θ'	0.93, 0.94, 0.95, 0.96, 0.97
t	0.1, 0.2, 0.3, 0.4, 0.5
N	900, 950, 1000, 1050, 1100
d	17.7, 18.0, 18.3, 18.6, 18.9

根据计算实验中的学习规则，供应链成员在 50 个周期内学习和优化决策变量。图 4-6 分别显示了策略 D 和策略 H 下多周期计算实验中供应链成员代理优化决策变量的结果。可以看出，从第 0 周期到第 10 周期，制造商和零售商在不断地学习和调整决策变量；然后，从第 10 周期开始，每个决策变量（包括批发价格、网络渠道价格、零售渠道价格）都分别逐渐稳定并且维持在固定的数值，同时，系统中供应链成员的收益水平也达到稳定状态。在此，将供应链成员多周期学习后得到的稳定决策变量称为决策变量的稳定状态值。

如表 4-1 所示，共有 12 个参数设置多个默认参数值，那么，当 $\sigma = 1$ 时，其他的 11 个参数各自对应 5 个默认的参数值，因此，共有 $5^{11} = 48828125$ 种参数组合，每一种参数组合对应于计算实验中一种不同的运行环境。在不同的系统运行环境中，供应链成员根据学习规则调整决策变量至稳定状态，因此，总共可以得到 5^{11} 个计算实验的稳定状态值。进一步，将所得到的 5^{11} 个稳定状态值进行平均，所得到的平均值就是对应于 $\sigma = 1$ 时的计算实验结果值。

通过为系统中的计算实验参数设置多组不同的参数值，构成系统运行的多种不同实验环境，在每一种运行环境中确保决策变量到达稳定的状态，然后通过求平均值的方法将不同运行环境中的稳定状态值进行平均，得到的最终计算实验结果值具有一定的统计意义。

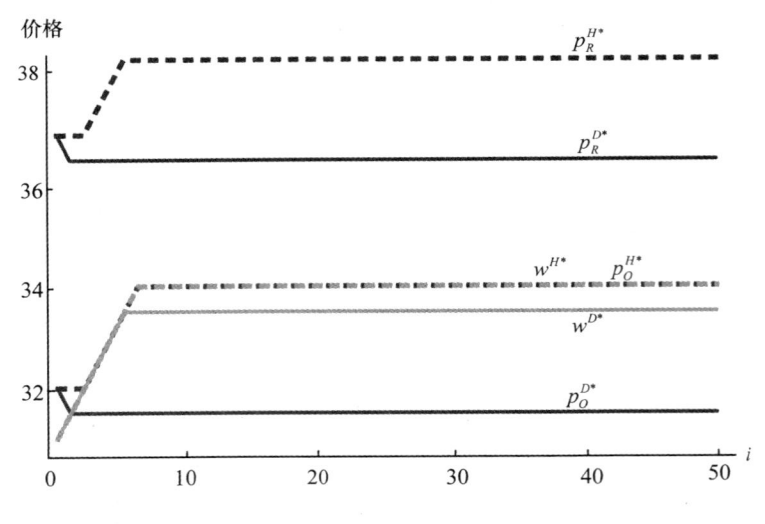

图4-6 50个计算实验周期内价格的学习过程

绘制计算实验的结果如图4-7至图4-10所示，其中，图4-7至图4-9中的研究变量是消费者各自理想型产品的正态分布的方差 σ，反映了异质的消费者群体对理想型产品的偏好的互异程度带来的影响。

异质的消费者群体根据对产品偏好的不同，在线性市场上呈现正态分布，正态分布的方差 σ 反映了消费者与消费者之间在理想型产品上的互异程度。σ 越大，说明消费者群体的互异程度越高；σ 越小，说明消费者群体对理想型产品的偏好越趋于一致。从图4-7可以看出，在策略 H 下，最优的批发价格和两个渠道中产品的销售价格都与 σ 呈现负相关关系。结合图4-4中描绘的市场上正态分布的消费者群体，分析产生该实验结果的原因：策略 H 下，零售渠道和网络渠道中提供的相同产品位于正态分布的均值0点，随着 σ 逐渐增大，图4-4消费市场中消费者的位置距离均值0点越来越远，也就是说，消费者的理想型产品与两个渠道中提供的产品之间的差别越来越大，这将会导致消费者效用降低。那么，为了吸引消费者，制造商和零售商分别降低网络渠道价格和零售渠道价格。

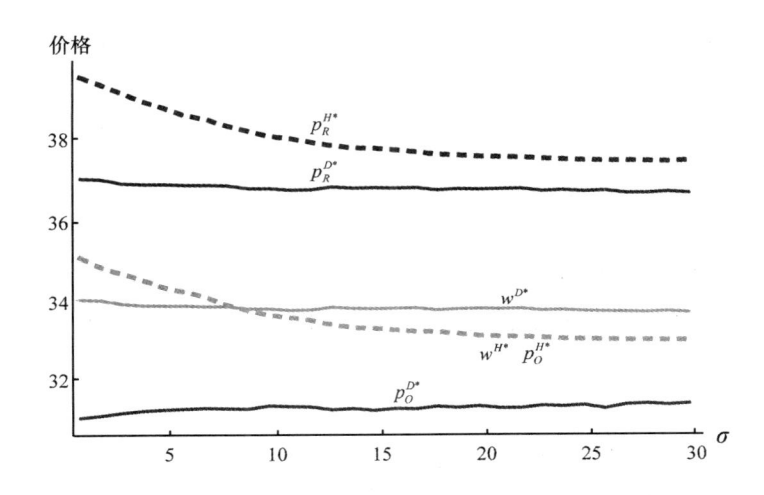

图 4-7　价格随消费者群体偏好的方差变化

另外，从图 4-7 可以看出，在策略 D 下，批发价格和两个渠道中产品的销售价格与 σ 都没有明显的相关关系。这是因为，在策略 D 下，零售商店和网络渠道中提供的产品是具有差异性的，分别位于消费者市场上两个不同的点，当 σ 增大时，有的消费者的理想型产品与两个渠道中提供的产品之间的距离逐渐变大，而有的消费者的理想型产品与两个渠道中产品之间的距离逐渐变小。异质消费者群体的效用没有随着 σ 的变化而呈现统一的变化，因此，制造商和零售商的定价决策与 σ 没有明显的相关关系。进一步，随着 σ 逐渐增大，策略 H 下逐渐降低的批发价格将在 σ 足够大时低于策略 D 下的批发价格。

当 σ 较小时，消费者根据效用最大化的原则，更多地选择从零售商店购买产品，而网络渠道中的需求量较低。随着 σ 逐渐增大，在策略 D 下，市场上部分消费者偏好的理性产品的位置与网络渠道中产品的位置逐渐靠近,从而部分原本从零售商店购买产品的消费者,将会选择从网络渠道中购买产品,因此,如图4-8所示,随着σ增大,零售渠道的需求量降低,而网络渠道需求量有小幅度的增加。当σ较大时,大部分消费者的理想型产品与两个渠道中提供的产品之间的差距较大,因而导致的较低消费者效用将会降低消费者的购买意愿,从图4-8可以看出,当σ较大时,零售商和网络渠道的需求量都随着σ增加而逐渐降低。综上所述,当消费者对理想型产品的偏好趋于一致,即σ较小时,零售渠道需求量和网络渠道需求量随着σ的变化是相反的;而当消费者对产品偏好的互异程度较大时,两个渠道中的需求量都与σ的变化呈现负相关关系。

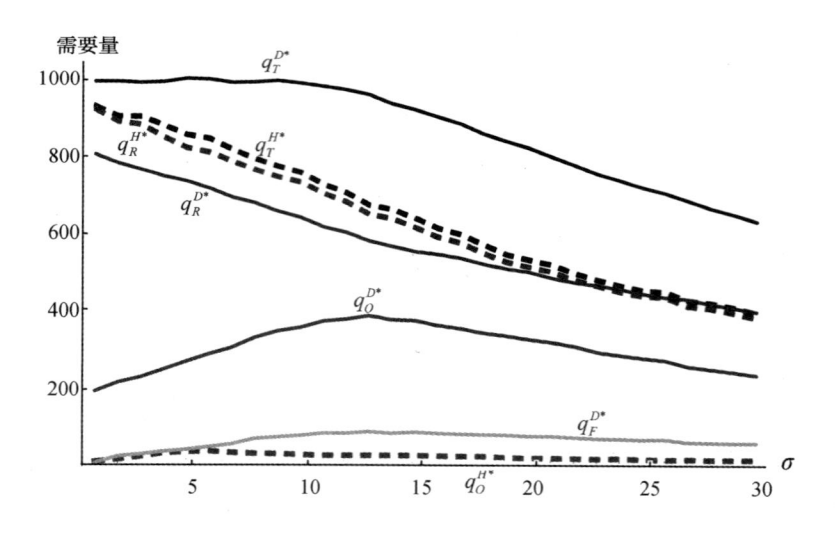

图4-8 需求量随着消费者群体偏好的方差变化

从图4-8可以看出,策略D下供应链的总需求量始终大于策略H下的供应链总需求量,也就是说,制造商能够通过双渠道产品差异化策略扩大市场规模,满足更多的异质消费者对产品的需求。通过比较策略D和策略H下的网络渠道需求量,可以发现,在网络渠道中提供与零售商的产品具有差异性的产品,有利于网络渠道吸引到更多的消费者。另外，实验结果表明，策略 D 下的搭便车者的数量将会随着 σ 的增加而呈现出先增加后减少的变化，这个变化趋势与网络渠道中需求量的变化趋势相一致。同时，在策略 H 下，零售渠道价格与网络渠道价格之间的差值较小（见图 4-7），从而抑制了消费者的搭便车行为。所以，策略 H 下的搭便车者数量小于策略 D 下的搭便车者数量。

如图 4-9 所示，当消费者对理想型产品偏好的方差 σ 较大时，制造商能够通过双渠道产品差异化策略提高自身收益。具体来说，在策略 H 下，零售渠道价格和网络渠道价格都与 σ 呈现负相关关系，同时，两个渠道中的需求量都在 σ 较大时，随着 σ 的增加而减少，因此，当 σ 较大时，策略 H 下的制造商收益将会大幅度降低。然而，在策略 D 下，两个渠道中产品的销售价格与 σ 没有明显的相关关系，另外，策略 D 下的供应链总需求量大于策略 H，因此，当 σ 较大时，制造商在策略 D 下获得的收益大于在策略 H 下获得的收益。

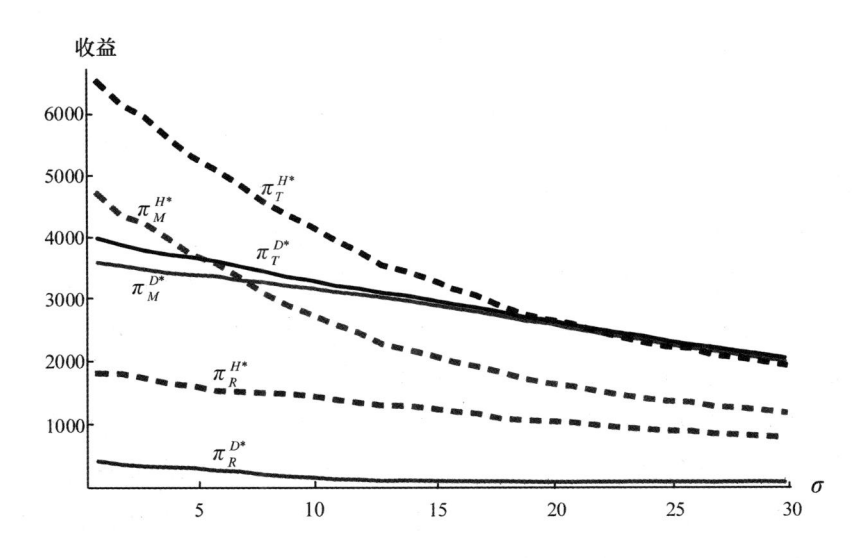

图 4-9 收益随着消费者群体偏好的方差变化

从零售商的角度来看，策略 D 下的零售商收益总是低于策略 H。主要原因如下所述：在双渠道产品差异化策略下，两个渠道中提供的产品之间的价格差值较大，因此，消费者具有强烈的意愿选择搭便车行为，市场上出现大量的搭便车者到达零售商店享受服务却不购买产品，这样的现象将会严重损害零售商的收益。相对地，在策略 H 下，两个渠道中相同产品之间的价格差值较小，如此便抑制了消费者的搭便车行为，降低了搭便车行为对零售商收益的损害。

从整个供应链的角度来看，在两个渠道中提供具有差异性的产品能够比提供同质产品，更好地满足异质消费者群体对产品不同偏好的需求，尤其是当消费者群体的差异性较高，即 σ 较大时，策略 D 下的供应链总需求量更大，因此，整个供应链在策略 D 下的总收益大于在策略 H 下。

综上所述，当消费者群体对理想型产品偏好的差别较大时，将两个渠道中的产品进行差异化有助于提高制造商收益和整个供应链的总收益，但是，双渠道产品差异化策略对零售商总是有害的。

图 4-10 展示了消费者对网络渠道中产品的价值评价 v_O 带来的影响，通过将消费者对零售渠道中产品的价值评价 v_R 设置为固定值，v_O 的变化反映了消费者对两个渠道中产品的价值评价差值的变化。网络渠道和零售商店中提供的产品具有纵向差异，因此，消费者对两个渠道中的产品的价值评价不同。那么，相应地，可以通过消费者对产品价值评价的差值，反映两个渠道中产品的纵向差异化程度。具体来说，v_O 越大，差值 $v_R - v_O$ 越小，这说明零售渠道和网络渠道中提供的产品的纵向差异化程度越小。

当消费者对网络渠道中产品的价值评价 v_O 较低时，策略 D 下两个渠道中产品价值评价的差值 $v_R - v_O$ 较大，这反映出两个渠道中的产品之间的纵向差异性较大。比如，在策略 D 下，当相似的可替代品在零售渠道中的产品质量较高，而在网络渠道中产品的质量较低时，消费者对这两种具有较大纵向差异性的产品的价值评价差别比较大。如图 4-10 所示，当 v_O 较低时，策略 D 下的两个渠道中产品

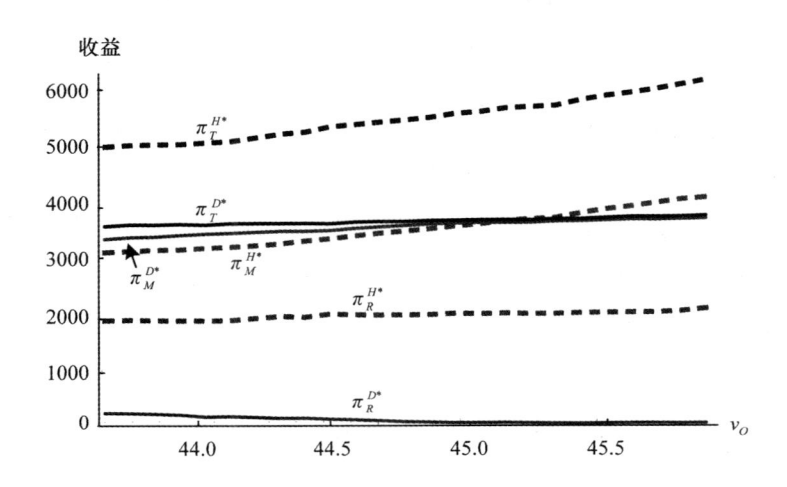

第四章 搭便车行为影响下的双渠道产品差异化策略

图 4-10 收益随消费者对网络渠道产品的价值评价变化

的纵向差异性较大，此时，制造商能够从差异化程度较大的策略 D 下获得高于策略 H 下的收益水平。

在策略 D 下，当 v_O 增加时，消费者对网络渠道中产品的价值评价提高，因此网络渠道需求量增大，同时，制造商具有更大的空间增加网络渠道价格，因此，如图 4-10 所示，策略 D 下的制造商收益与 v_O 呈现正相关关系。在策略 H 下，消费者对两个渠道中产品的价值评价都为 $(v_R + v_O)/2$，随着 v_O 增加，$(v_R + v_O)/2$ 逐渐增大，从而两个渠道的需求量都有所增加，同时，增加的产品价值评价使得制造商不仅可以提高网络渠道价格，而且拥有更大的空间，可以制定较高的单位批发价格。这使得制造商来自下游零售商和网络渠道的收益都有所增加。因此，当 v_O 较大时，制造商在策略 H 下的收益大于策略 D。

综上所述，当 v_O 较小，即双渠道产品纵向差异化程度较大时，制造商在产品差异化策略下比在产品同质策略下获得的收益更高，也就是说，纵向差异化程度较大的双渠道产品比同质产品能够为制造商带来更高收益；当 v_O 较大，即双渠道产品纵向差异化程度较小时，制造商在产品同质策略下获得的收益更高，也就是说，同质产品比纵向差异化程度较小的产品为制造商带来更高收益。所以，在同时考虑产品的横向差异化和纵向差异化的情况下，制造商最优的产品策略是将两个渠道中的产品进行较大程度的纵向差异化，其次是提供完全相同的产品，这两个策略都比在双渠道中提供纵向差异化程度较小的产品能够为制造商带来更高的收益。另外，从图4-10可以看出，双渠道产品差异化策略有损零售商收益，这与有关图4-9的分析结果相一致。

第五节　本章小结

　　本章在双渠道供应链中，考虑市场中消费者的搭便车行为，探究制造商在双渠道供应链中最优的产品策略。起初，市场中关于产品的信息不完整，消费者会因此低估产品价值；通过在实体零售商店享受服务，消费者可以补充完整产品信息；但是在掌握完整的产品信息之后，消费者有可能转移到价格较低的网络渠道购买产品。消费者的这一搭便车行为将会损害提供服务的零售商，并影响供应链上游的制造商。考虑制造商的双渠道产品差异化策略，即制造商是否有动机在两个渠道中提供具有差异性的产品，研究结果发现，产品差异化策略在一定条件下能够提高制造商和整个供应链的收益，但是并不能够有效抑制消费者的搭便车行为，而且是不利于零售商的。

　　在基本模型中，考虑是否将产品横向差异化。根据消费者的旅行成本差异，将消费者划分两种类型，探究制造商提供差异化产品的条件。研究结果表明，当单位服务成本较高、产品差异性较大、消费者到店后对网络渠道产品信息掌握较多时，搭便车者的数量较多；当单位生产成本、旅行成本和网络搜索成本较高，消费者到店前对零售渠道产品信息掌握较多时，搭便车者的数量较少。策略 H

下，两个渠道中的产品完全相同，零售商为了吸引消费者，尽量避免搭便车者造成的损失，将会缩小零售渠道价格与网络渠道价格之间的差值，从而削弱消费者搭便车的动机。制造商倾向于在双渠道中提供差异化程度较大的产品。单位服务成本的大小将会改变旅行成本对制造商双渠道产品策略的影响。当单位服务成本适中时，制造商倾向于提供具有差异性的产品。

进一步，在扩展模型中考虑同时对产品进行纵向差异化和横向差异化时带来的影响。通过放松基本模型中的假设，结合计算实验方法，构建更加具有现实意义的供应链模型。在扩展模型中，更进一步地刻画消费者群体的差异性，包括对理想型产品偏好的差异、旅行成本和网络搜索成本的差异以及对两个渠道中产品的价值评价的差异等。研究结果表明，当消费者对理想型产品的偏好差别很大，或对网络渠道产品的价值评价很低时，制造商将会提供具有差异性的产品。然而，双渠道产品差异化策略有损零售商收益。

本章的不足在于假设零售渠道中只销售制造商生产的产品，即零售商是制造商的品牌经营店，而现实中同时销售多品牌产品的零售商店广泛存在。多个品牌的可替代性产品之间存在竞争，同时考虑与网络渠道中具有差异性的产品的价格竞争，供应链管理将会更加复杂，但应该是一个有趣的研究方向。另外，在搭便车行为的研究中考虑零售商店的服务投入动机也是一个有意义的方向。

第 五 章

总结和展望

第一节　主要研究工作

　　企业在管理供应链时，不仅要研究供应链中各成员的决策和收益，而且要考虑市场中消费者多样化的购买行为。通过分析消费者的购物动机，为供应链成员准确地预测市场需求提供依据，从而做出适当的决策，最终达到最大化企业收益的目的。首先，从外部刻画整个市场中由于消费者多样化购买行为而产生的需求上的不确定性。然后，分别从时间和空间的维度刻画出每一个消费者的具体的多样化行为。从时间的维度来看，策略型消费者能够洞察到企业在销售季节性产品时，将会在销售期末开展的打折促销活动，并且能够根据市场上的历史数据，决策是否购买产品以及购买的时间。从空间的维度来看，经济和科学技术的快速发展，使消费者能够在多个购买途径之间进行便捷的选择和转移。在这种情境下，消费者需要决策是否购买以及购买的最佳途径。面对如此纷繁复杂的消费者市场，企业更加难以准确地预测需求、制定策略。因此，将对消费者行为的研究结合到企业的运作管理中显得尤为重要。

　　在充分考虑消费者多样化购买行为的前提下，分别从横向和纵向的角度研究供应链渠道管理的内容。在纵向角度的渠道管理中，通过比较集中型结构和分散型结构中供应链成员的决策和收益，揭示供应链纵向分散化规律。在横向角度的渠道管理中，首先，探究企业在传统的单一渠道结构中引入网络渠道、构建双渠道供应链的动机；然后，进一步，在双渠道供应链中研究制造商的产品策略，探究制造商为零售渠道和网络渠道提供同质产品或者具有差异性的产品的条件。

企业运作管理的环境是一个开放式的环境，企业决策者需要根据市场环境、竞争者和合作者的策略以及自身偏好等逐渐学习和优化决策，同时，考虑到市场中异质的消费者群体多样化的购买行为和复杂的供应链渠道结构，仅使用传统的数理建模方法已经很难适应供应链管理中的研究。因此，将博弈论方法和基于多代理思想的计算实验方法相结合，将供应链中的每个成员抽象为系统中的一个代理，运用面向对象编程技术刻画代理的属性和行为，在多个周期的计算实验中描述多代理之间的博弈关系，从而能够更好地研究供应链管理中的复杂问题。得到的主要研究结论如下所述。

（1）考虑到企业决策者无法完全顾及市场上消费者可能出现的多样化购买行为，在供应链模型中刻画了市场不确定性带来的影响，探究制造商构建双渠道供应链的动机。计算实验结果表明，只有当消费者普遍对于网络渠道的接受程度较高时，构建双渠道供应链才能够为制造商带来正的收益。另外，如果异质的消费者群体对产品的价值评价趋于一致，那么，制造商可以通过引入网络渠道获得更高收益。同时，网络渠道的存在能够弱化市场不确定性带来的影响，从而增加制造商收益。最后，当单位生产成本不太大时，制造商有动机构建双渠道供应链。进一步，在扩展模型中考虑市场中存在多条互相竞争的供应链的情景，发现竞争的市场环境不会定性地改变基本模型中得到的管理启示。另外，实验结果表明，当市场上与之竞争的多条供应链均采取的是单一渠道策略时，制造商能够从双渠道策略中获得最高收益，随着市场上竞争的双渠道供应链数量增加，双渠道策略能够为制造商带来的收益逐渐减少。同时，市场上多条供应链之间的竞争程度越大，制造商越有动机构建双渠道供应链。

（2）将季节性产品的销售过程分为正价销售阶段和促销阶段，市场上的策略型消费者根据效用最大化的原则抉择是否购买产品以及购买时间。通过比较分散型供应链和集中型供应链中成员的决策和收益，发现当市场上的消费者具有延迟购买行为时，供应链分散化仍然能够促使企业提高产品的销售价格，并且降低产品的订货量。这个结果与短视型消费者市场中得到的双边际效应的结果相同。另外，由计算实验结果得到以下的管理启示。首先，当消费者具有足够的耐心等待促销活动时，这种策略性的等待行为有损供应链的整体绩效，企业可以通过将渠道结构分散化来弱化消费者的等待行为带来的危害。其次，如果消费者对产品的价值评价较低，则企业的收益水平较低，此时，渠道结构分散化策略能够提高供应链收益。当异质的消费者群体对于产品的价值评价的差异性较大时，市场上延迟购买的行为普遍存在，企业收益因此降低。在这种情况下，供应链分散化能够增加企业收益。再次，通过为计算实验中的参数设置多组不同的参数值，验证实验结果中得到的管理启示不发生定性的改变。最后，考虑内生的产品促销价格带来的影响，发现促销价格内生化有助于企业更加有效地抑制策略型消费者的延迟购买行为，从而提高企业收益。

（3）双渠道供应链中的消费者能够自主地选择购买渠道，并且能够在零售渠道享受服务、补充产品信息后，转移到网络渠道以较低的线上价格购买产品，即成为搭便车者。同时，企业可以决策为两个渠道提供完全相同或者具有差异性的产品。考虑到产品的差异化策略包括产品的横向差异化和纵向差异化，探究双渠道供应链中企业选择产品差异化策略的动机。研究结果表明，搭便车者的数量与单位服务成本、产品差异化程度和消费者到店后对网络渠道产品信息的掌握程度呈现正相关关系，而与单位生产成本、旅行成本、网络搜索成本和消费者到店前对零售渠道产品信息的掌握程度呈现负相关关系。另外，当两个渠道中提供的产品完全相同时，零售商在激烈的价格竞争中被迫通过降低零售渠道价格来吸引消费者，两个渠道中的价格差值因此减少，从而搭便车者的数量减少。进一步探究企业选择差异化策略的动机与单位服务成本的关系，并得到以下管理启示。首先，当单位服务成本适中时，差异化的产品能够为企业带来更高收益。其次，当异质的消费者群体对理想型产品的偏好差异很大，或对网络渠道中产品的价值评价很低时，企业应该通过产品差异化策略来提高制造商和整个供应链的收益。最后，分析实验结果发现，双渠道产品差异化策略对零售商总是有害的。

第二节　后续研究展望

近年来，企业的管理者和研究人员逐渐意识到供应链运作管理和消费者市场的营销管理密不可分，因此，在传统的运作管理的研究中考虑市场营销领域的理念和决策，正在成为研究人员的关注重点。从消费者多样化购买行为的角度出发，运用计算实验和博弈论相结合的研究方法，刻画供应链管理中有关渠道结构、产品定价和订货策略的问题，研究得到了一些具有创新性的成果和有意义的管理启示。然而，企业经营环境多变，供应链管理工作复杂，因此，依然存在很多问题值得进一步探索，研究方向的展望如下。

（1）通过引入网络渠道，企业能够拓展市场，吸引行动不便、交通不便或工作繁忙、没有空暇到实体商店购买产品的消费者。然而，产品运输到消费者的过程中也存在一些不确定性，有可能出现产品损坏、运输延误或者实物与商家展示产品不符等情况。这些不确定因素将会严重影响消费者的购买意愿，而由此产生的费用也会进一步影响企业的渠道管理工作。因此，在双渠道供应链管理中，有待更加深入地考虑网络渠道的优势和劣势带来的影响，使模型更加贴近现实情景，从而得到的管理启示更具有指导意义。

（2）刻画策略型消费者的延迟购买行为时，只考虑了异质消费者对产品的价值评价以及时间敏感度带来的影响，而现实中消费者的很多属性都会对其延迟购买的意愿产生影响，比如，等待后得不到产品而产生的后悔情绪，正价阶段购买后看到产品促销活动时产生的不公平感等。诸如此类的对于消费者心理活动的进一步刻画，有助于企业更加准确地预测市场需求和制定策略。另外，等待后的消费者有可能转移到另外的途径购买产品，如此产生的企业之间的横向竞争也是一个有意义的研究方向。

（3）近20年来，越来越多的大型零售商崛起，在与制造商的博弈关系中，大型零售商能够占据主导地位，比如沃尔玛、亚马逊、百思买。大型零售商中通常销售不止一个品牌的同类产品，此时，多种品牌产品的制造商之间存在竞争。当其中一个品牌提供店铺服务时，消费者有可能享受服务后转而购买其他品牌的产品。同时考虑到网络渠道的存在，如此产生的有关多品牌和多渠道之间的搭便车行为的研究将是一个有意义的方向。另外，在市场上搭便车现象的影响下，研究企业提供服务时投入和回报的比率，对于现实中企业是否应该提供店铺服务的策略具有指导意义。

参考文献

毕功兵、杨云绅、梁樑：《策略延迟下众筹项目的定价和激励决策》，《中国管理科学》2019年第11期。

曹二保、郑健哲、马玉洁等：《双渠道供应链应对需求扰动的协调机制研究》，《管理学报》2014年第2期。

曹晓刚、郑本荣、闻卉：《考虑顾客偏好的双渠道闭环供应链定价与协调决策》，《中国管理科学》2015年第6期。

曹裕、易超群、万光羽：《基于"搭便车"行为的双渠道供应链库存竞争和促销策略》，《中国管理科学》2019年第7期。

柴跃廷、韩坚、吴澄：《敏捷供需链及其管理》，《中国机械工程》2000年第3期。

陈廷斌、吴伟：《基于多Agent的供应链智能集成与决策研究》，《计算机应用研究》2004年第8期。

陈雯、徐贤浩、彭红霞：《产品质量设计与快速反应——基于短视消费者与策略消费者的比较》，《管理科学学报》2015年第8期。

成思危：《复杂性科学探索》，民主与建设出版社1999年版。

代云珍、胡培：《基于策略型消费者的最优广告和定价联合决策》，《软科学》2015年第8期。

但斌、王瑶、王磊等：《考虑制造商服务努力的异质产品双渠道供应链协调》，《系统管理学报》2013年第6期。

范辰、刘咏梅、陈晓红：《考虑向上销售和渠道主导结构的BOPS定价与服务合作》，《中国管理科学》2018年第3期。

官振中、李伟：《存在投机商和策略型消费者的零售商定价研究》，《系统工程理论与实践》2015年第2期。

郭亚军、赵礼强：《基于电子市场的双渠道冲突与协调》，《系统工程理论与实践》2008年第9期。

黄健、肖条军、盛昭瀚：《多渠道供应链管理研究述评》，《科研管理》2009年第5期。

计国君、陈秀妹、杨光勇：《产品多样性策略对跨渠道设计的影响研究》，《统计与决策》2015年第18期。

李刚、刘鲁、陈安：《供需链管理的运作模式研究》，《高技术通讯》2001年第2期。

李钢、魏峰：《供应链协调中的消费者策略行为与价格保障研究》，《管理学报》2013年第2期。

李伟、李凯、安岗：《考虑渠道势力与服务负溢出效应的双渠道供应链决策研究》，《管理学报》2017年第5期。

李新然、牟宗玉：《需求扰动下闭环供应链的收益费用共享契约研究》，《中国管理科学》2013年第6期。

李真、孟庆峰、盛昭瀚：《考虑公平关切的工期优化收益共享谈判》，《系统工程理论与实践》2013年第1期。

李真、盛昭瀚、孟庆峰：《基于计算实验的供应链返回策略竞争绩效》，《软科学》2011年第11期。

梁喜、蒋琼、郭瑾：《不同双渠道结构下制造商的定价决策与渠道选择》，《中国管理科学》2018年第7期。

林晶、王健：《异质品双渠道供应链下制造商的渠道决策研究》，《中国管理科学》2018年第6期。

罗美玲、李刚、张文杰：《双渠道供应链中双向搭便车研究》，《系统管理学报》2014年第3期。

马士华、王福寿：《时间价格敏感型需求下的供应链决策模式研究》，《中国管理科学》2006年第3期。

孟庆峰、盛昭瀚、陈敬贤等：《考虑行为外部性的多零售商销售努力激励》,《管理科学学报》2014 年第 12 期。

孟庆峰、盛昭瀚、李真:《供应链网络结构下的回购契约协调机制研究》,《软科学》2011 年第 7 期。

申成霖、侯文华、张新鑫:《顾客异质性渠道偏好下横向竞争对零售商混合渠道模式的价值》,《系统工程理论与实践》2013 年第 12 期。

盛昭瀚、张军、杜建国:《社会科学计算实验理论与应用》,上海三联书店 2009 年版。

盛昭瀚、张军、刘慧敏:《社会科学计算实验案例分析》,上海三联书店 2011 年版。

盛昭瀚、张维:《管理科学研究中的计算实验方法》,《管理科学学报》2011 年第 5 期。

孙燕红、涂燚鑑、徐晓燕:《基于顾客渠道偏好的服务竞争模型》,《管理科学》2011 年第 4 期。

滕文波、庄贵军:《制造商基于服务水平的店中店模式选择》,《系统工程理论与实践》2015 年第 8 期。

王瑶、但斌、刘灿等:《服务具有负溢出效应的异质品双渠道供应链改进策略》,《管理学报》2014 年第 5 期。

吴锦峰、常亚平、潘慧明:《多渠道整合质量对线上购买意愿的作用机理研究》,《管理科学》2014 年第 1 期。

熊中楷、李豪、彭志强:《竞争环境下季节性产品网上直销动态定价模型》,《系统工程理论与实践》2010 年第 2 期。

徐峰、侯云章:《供应链网络风险研究述评》,《软科学》2013 年第 6 期。

徐峰、盛昭瀚:《产品再制造背景下制造商双渠道定价策略计算实验研究》,《系统管理学报》2013 年第 3 期。

杨慧、周晶、宋华明:《考虑消费者短视和策略行为的动态定价研究》,《管理工程学报》2010 年第 4 期。

张道海、杜建国:《基于零售商风险态度的供应中断风险管理研究》,《系统科学与数学》2011年第10期。

张婧、赵紫锟:《反应型和先动型市场导向对产品创新和经营绩效的影响研究》,《管理学报》2011年第9期。

张涛、孙林岩、孙海虹等:《供应链的系统运作模式分析与建模——基于复杂自适应系统范式的研究》,《系统工程理论与实践》2003年第11期。

Ali K. Parlakturk, "The Value of Product Variety When Selling to Strategic Consumers", *Manufacturing & Service Operations Management*, Vol. 14, No. 3, 2012.

Amit Mehra, Subodha Kumar, and Jagmohan S. Raju, "Competitive Strategies for Brick-and-Mortar Stores to Counter 'Showrooming'", *Management Science*, Vol. 64, No. 7, 2018.

Ashutosh Prasad, Kathryn E. Stecke, and Xuying Zhao, "Advance Selling by a Newsvendor Retailer", *Production and Operations Management*, Vol. 20, No. 1, 2011.

Aussadavut Dumrongsiri, Ming Fan, Apurva Jain, and Kamran Moinzadeh, "A Supply Chain Model with Direct and Retail Channels", *European Journal of Operational Research*, Vol. 187, No. 3, 2008.

Barry Alan Pasternack, "Optimal Pricing and Return Policies for Perishable Commodities", *Marketing Science*, Vol. 4, No. 2, 1985.

Catherine Cleophas, and Philipp Bartke, "Modeling Strategic Customers Using Simulations with Examples from Airline Revenue Management", *Procedia Social and Behavioral Sciences*, Vol. 20, No. 6, 2011.

Chao Liang, Metin Cakanyildirim, and Suresh P. Sethi, "Analysis of Product Rollover Strategies in the Presence of Strategic Customers", *Management Science*, Vol. 60, No. 4, 2014.

Chieh-Yuan Tsai, Chih-Chung Lo, and Chao-Wen Lin, "A Time-Interval Sequential Pattern Change Detection Method", *International Journal of Information Technology & Decision Making*, Vol. 10, No. 1, 2011.

Cuihong Li, and Fuqiang Zhang, "Advance Demand Information, Price Discrimination, and Preorder Strategies", *Manufacturing & Service Operations Management*, Vol. 15, No. 1, 2013.

Dahai Xing, and Tieming Liu, "Sales Effort Free Riding and Coordination with Price Match and Channel Rebate", *European Journal of Operational Research*, Vol. 219, No. 2, 2012.

Daojian Yang, Ershi Qi, and Yajiao Li, "Quick Response and Supply Chain Structure with Strategic Consumers", *Omega*, Vol. 52, 2015.

David W. Wallace, Joan L. Giese, and Jean L. Johnson, "Customer Retailer Loyalty in the Context of Multiple Channel Strategies", *Journal of Retailing*, Vol. 80, No. 4, 2004.

Dazhong Wu, Gautam Ray, Xianjun Geng, and Andrew Whinston, "Implications of Reduced Search Cost and Free Riding in E-Commerce", *Marketing Science*, Vol. 23, No. 2, 2004.

Dennis W. Carlton, and Judith A. Chevalier, "Free Riding and Sales Strategies for the Internet", *The Journal of Industrial Economics*, Vol. 49, No. 4, 2001.

Deyan Yang, Tiaojun Xiao, and Jian Huang, "Dual-Channel Structure Choice of an Environmental Responsibility Supply Chain with Green Investment", *Journal of Cleaner Production*, Vol. 210, 2019.

Erik Brynjolfsson, and Michael D. Smith, "Frictionless Commerce? A Comparison of Internet and Conventional Retailers", *Management Science*, Vol. 46, No. 4, 2000.

Fernando Bernstein, Jing-Sheng Song, and Xiaona Zheng, "Free Riding in a Multi-Channel Supply Chain", *Naval Research Logistics (NRL)*, Vol. 56, No. 8, 2009.

Gerard P. Cachon, and Robert Swinney, "Purchasing, Pricing, and Quick Response in the Presence of Strategic Consumers", *Management Science*, Vol. 55, No. 3, 2009.

Gerard P. Cachon, and Robert Swinney, "The Value of Fast Fashion: Quick Response, Enhanced Design, and Strategic Consumer Behavior", *Management Science*, Vol. 57, No. 4, 2011.

Guiomar Martin-Herran, and Sihem Taboubi, "Price Coordination in Distribution Channels: A Dynamic Perspective", *European Journal of Operational Research*, Vol. 240, No. 2, 2015.

Guoming Lai, Laurens G. Debo, and Katia Sycara, "Buy Now and Match Later: Impact of Posterior Price Matching on Profit with Strategic Consumers", *Manufacturing & Service Operations Management*, Vol. 12, No. 1, 2010.

Guoyin Jiang, Feicheng Ma, Jennifer Shang, and Patrick Y. K. Chau, "Evolution of Knowledge Sharing Behavior in Social Commerce: An Agent-Based Computational Approach", *Information Sciences*, Vol. 278, 2014.

Guoyin Jiang, Pandu R. Tadikamalla, Jennifer Shang, and Ling Zhao, "Impacts of Knowledge on Online Brand Success: An Agent-Based Model for Online Market Share Enhancement", *European Journal of Operational Research*, Vol. 248, No. 3, 2016.

Haiyang Feng, Minqiang Li, and Fuzan Chen, "Optimal Versioning in Two-Dimensional Information Product Differentiation under Different Customer Distributions", *Computers & Industrial Engineering*, Vol. 66, No. 4, 2013.

Henning Olbert, Margarita Protopappa-Sieke, and Ulrich W. Thonemann, "Analyzing the Effect of Express Orders on Supply Chain Costs and Delivery Times", *Production and Operations Management*, Vol. 25, No. 12, 2016.

Hing K. Chan, and Felix T. S. Chan, "A Review of Coordination Studies in the Context of Supply Chain Dynamics", *International Journal of Production Research*, Vol. 48, No. 10, 2010.

Hongyan Shi, Yunchuan Liu, and Nicholas C. Petruzzi, "Consumer Heterogeneity, Product Quality, and Distribution Channels", *Management Science*, Vol. 59, No. 5, 2013.

Hung-Chang Chiu, Yi-Ching Hsieh, Jinshyang Roan, Kuan-Jen Tseng, and Jung-Kuei Hsieh, "The Challenge for Multichannel Services: Cross-Channel Free-Riding Behavior", *Electronic Commerce Research and Applications*, Vol. 10, No. 2, 2011.

Iryna Pentina, Lou E. Pelton, and Ronald W. Hasty, "Performance Implications of Online Entry Timing by Store-Based Retailers: A Longitudinal Investigation", *Journal of Retailing*, Vol. 85, No. 2, 2009.

Jacqueline J. Kacen, James D. Hess, and Wei-Yu Kevin Chiang, "Bricks or Clicks? Consumer Attitudes toward Traditional Stores and Online Stores", *Global Economics and Management Review*, Vol. 18, No. 1, 2013.

James D. Dana Jr, and Nicholas C. Petruzzi, "Note: The Newsvendor Model with Endogenous Demand", *Management Science*, Vol. 47, No. 11, 2001.

Jayashankar M. Swaminathan, Stephen F. Smith, and Norman M. Sadeh, "Modeling Supply Chain Dynamics: A Multiagent Approach", *Decision Sciences*, Vol. 29, No. 3, 1998.

Jing Chen, and Peter C. Bell, "Coordinating a Decentralized Supply Chain with Customer Returns and Price-Dependent Stochastic Demand Using a Buyback Policy", *European Journal of Operational Research*, Vol. 212, No. 2, 2011.

Jing Li, and Felix T. S. Chan, "An Agent-Based Model of Supply Chains with Dynamic Structures", *Applied Mathematical Modelling*, Vol. 37, No. 7, 2013.

Jing Li, Zhaohan Sheng, and Huimin Liu, "Multi-Agent Simulation for the Dominant Players' Behavior in Supply Chains", *Simulation Mod-

elling Practice and Theory, Vol. 18, No. 6, 2010.

Jinhong Xie, and Steven M. Shugan, "Electronic Tickets, Smart Cards, and Online Prepayments: When and How to Advance Sell", *Marketing Science*, Vol. 20, No. 3, 2001.

Jiwoong Shin, "How Does Free Riding on Customer Service Affect Competition?", *Marketing Science*, Vol. 26, No. 4, 2007.

Jiwoong Shin, "The Role of Selling Costs in Signaling Price Image", *Journal of Marketing Research*, Vol. 42, No. 3, 2005.

Joseph J. Spengler, "Vertical Integration and Antitrust Policy", *Journal of Political Economy*, Vol. 58, No. 4, 1950.

Kenji Matsui, "Asymmetric Product Distribution between Symmetric Manufacturers Using Dual-Channel Supply Chains", *European Journal of Operational Research*, Vol. 248, No. 2, 2016.

Kersi D. Antia, Mark Bergen, and Shantanu Dutta, "Competing with Gray Markets", *MIT Sloan Management Review*, Vol. 46, No. 1, 2004.

Kevin L. Webb, and John E. Hogan, "Hybrid Channel Conflict: Causes and Effects on Channel Performance", *Journal of Business & Industrial Marketing*, Vol. 17, No. 5, 2002.

Kinshuk Jerath, Sang-Hyun Kim, and Robert Swinney, "Product Quality in a Distribution Channel with Inventory Risk", *Marketing Science*, Vol. 36, No. 5, 2017.

Kyle Cattani, Wendell Gilland, Hans Sebastian Heese, and Jayashankar Swaminathan, "Boiling Frogs: Pricing Strategies for a Manufacturer Adding a Direct Channel That Competes with the Traditional Channel", *Production and Operations Management*, Vol. 15, No. 1, 2006.

Lester G. Telser, "Why Should Manufacturers Want Fair Trade?", *The Journal of Law and Economics*, Vol. 3, 1960.

Liang Guo, and Juanjuan Zhang, "Consumer Deliberation and Product Line Design", *Marketing Science*, Vol. 31, No. 6, 2012.

Mary Wolfinbarger, and Mary C. Gilly, "Shopping Online for Freedom, Control, and Fun", *California Management Review*, Vol. 43, No. 2, 2001.

Mehdi Amini, Tina Wakolbinger, Michael Racer, and Mohammad G. Nejad, "Alternative Supply Chain Production-Sales Policies for New Product Diffusion: An Agent-Based Modeling and Simulation Approach", *European Journal of Operational Research*, Vol. 216, No. 2, 2012.

Mihalis Giannakis, and Michalis Louis, "A Multi-Agent Based Framework for Supply Chain Risk Management", *Journal of Purchasing and Supply Management*, Vol. 17, No. 1, 2011.

Ming Xie, and Jian Chen, "Studies on Horizontal Competition among Homogenous Retailers through Agent-Based Simulation", *Journal of Systems Science and Systems Engineering*, Vol. 13, No. 4, 2004.

Moutaz Khouja, Sungjune Park, and Gangshu George Cai, "Channel Selection and Pricing in the Presence of Retail-Captive Consumers", *International Journal of Production Economics*, Vol. 125, No. 1, 2010.

Mustafa Akan, Baris Ata, and James D. Dana Jr, "Revenue Management by Sequential Screening", *Journal of Economic Theory*, Vol. 159, 2015.

Nan Xia, and Sampath Rajagopalan, "Standard vs. Custom Products: Variety, Lead Time, and Price Competition", *Marketing Science*, Vol. 28, No. 5, 2009.

Ozalp Ozer, and Yanchong Zheng, "Markdown or Everyday Low Price? The Role of Behavioral Motives", *Management Science*, Vol. 62, No. 2, 2016.

Prabuddha De, Lin Hao, Yung-Ming Li, and Yong Tan, "Quality of Service Based Pricing Schemes for Content Sharing in Peer-to-Peer Networks", *Production and Operations Management*, Vol. 26, No. 8, 2017.

Preyas Desai, Oded Koenigsberg, and Devavrat Purohit, "Strategic

Decentralization and Channel Coordination", *Quantitative Marketing and Economics*, Vol. 2, No. 1, 2004.

Qian Liu, and Garrett J. Van Ryzin, "Strategic Capacity Rationing to Induce Early Purchases", *Management Science*, Vol. 54, No. 6, 2008.

Qingqi Long, "An Agent-Based Distributed Computational Experiment Framework for Virtual Supply Chain Network Development", *Expert Systems with Applications*, Vol. 41, No. 9, 2014.

Rajiv Lal, and Miklos Sarvary, "When and How Is the Internet Likely to Decrease Price Competition?", *Marketing Science*, Vol. 18, No. 4, 1999.

Robert A. Mittelstaedt, "Sasquatch, the Abominable Snowman, Free Riders and Other Elusive Beings", *Journal of Macromarketing*, Vol. 6, No. 2, 1986.

Robert Swinney, "Selling to Strategic Consumers When Product Value Is Uncertain: The Value of Matching Supply and Demand", *Management Science*, Vol. 57, No. 10, 2011.

Rocio Ruiz-Benitez, and Ana Muriel, "Consumer Returns in a Decentralized Supply Chain", *International Journal of Production Economics*, Vol. 147, 2014.

Rodger B. Singley, and Michael R. Williams, "Free Riding in Retail Stores: An Investigation of Its Perceived Prevalence and Costs", *Journal of Marketing Theory and Practice*, Vol. 3, No. 2, 1995.

Rongyao He, Yu Xiong, and Zhibin Lin, "Carbon Emissions in a Dual Channel Closed Loop Supply Chain: The Impact of Consumer Free Riding Behavior", *Journal of Cleaner Production*, Vol. 134, 2016.

Ruiliang Yan, "Managing Channel Coordination in a Multi-Channel Manufacturer-Retailer Supply Chain", *Industrial Marketing Management*, Vol. 40, No. 4, 2011.

Rui Yin, Yossi Aviv, Amit Pazgal, Christopher S. Tang, "Optimal Markdown Pricing: Implications of Inventory Display Formats in the Presence of Strategic Customers", *Management Science*, Vol. 55, No. 8, 2009.

Sebastian Van Baal, and Christian Dach, "Free Riding and Customer Retention across Retailers' Channels", *Journal of Interactive Marketing*, Vol. 19, No. 2, 2005.

Seong Y. Park, and Hean Tat Keh, "Modelling Hybrid Distribution Channels: A Game-Theoretic Analysis", *Journal of Retailing and Consumer Services*, Vol. 10, No. 3, 2003.

Sriram Dasu, and Chunyang Tong, "Dynamic Pricing When Consumers Are Strategic: Analysis of Posted and Contingent Pricing Schemes", *European Journal of Operational Research*, Vol. 204, No. 3, 2010.

Stacy Collett, "Channel Conflicts Push Levi to Halt Web Sales", *Computer World*, Vol. 33, No. 45, 1999.

S. Umit Kucuk, and Robert C. Maddux, "The Role of the Internet on Free-Riding: An Exploratory Study of the Wallpaper Industry", *Journal of Retailing and Consumer Services*, Vol. 17, No. 4, 2010.

Tamer Boyaci, and Saibal Ray, "The Impact of Capacity Costs on Product Differentiation in Delivery Time, Delivery Reliability, and Price", *Production and Operations Management*, Vol. 15, No. 2, 2006.

Tiaojun Xiao, Jing Shi, and Guohua Chen, "Price and Leadtime Competition, and Coordination for Make-to-Order Supply Chains", *Computers & Industrial Engineering*, Vol. 68, No. 1, 2014.

Tiaojun Xiao, Tsan-Ming Choi, and T. C. E. Cheng, "Product Variety and Channel Structure Strategy for a Retailer-Stackelberg Supply Chain", *European Journal of Operational Research*, Vol. 233, No. 1, 2014.

T. Rozhon, "Before Christmas, Wal-Mart Was Stirring", *New York Times*, 2005.

Umut Konus, Peter C. Verhoef, and Scott A. Neslin, "Multichannel Shopper Segments and Their Covariates", *Journal of Retailing*, Vol. 84, No. 4, 2008.

Venkatesh Shankar, and Russell S. Winer, "Interactive Marketing Goes Multichannel", *Journal of Interactive Marketing*, Vol. 19, No. 2, 2005.

Vera Tilson, and Xiaobo Zheng, "Monopoly Production and Pricing of Finitely Durable Goods with Strategic Consumers' Fluctuating Willingness to Pay", *International Journal of Production Economics*, Vol. 154, 2014.

Wei-Yu Kevin Chiang, and George E. Monahan, "Managing Inventories in a Two-Echelon Dual-Channel Supply Chain", *European Journal of Operational Research*, Vol. 162, No. 2, 2005.

Wei-Yu Kevin Chiang, Dilip Chhajed, and James D. Hess, "Direct Marketing, Indirect Profits: A Strategic Analysis of Dual-Channel Supply-Chain Design", *Management Science*, Vol. 49, No. 1, 2003.

William Groves, John Collins, Maria Gini, and Wolfgang Ketter, "Agent-Assisted Supply Chain Management: Analysis and Lessons Learned", *Decision Support Systems*, Vol. 57, 2014.

Xuanming Su, and Fuqiang Zhang, "Strategic Customer Behavior, Commitment, and Supply Chain Performance", *Management Science*, Vol. 54, No. 10, 2008.

Xujin Pu, Lei Gong, and Xiaohua Han, "Consumer Free Riding: Coordinating Sales Effort in a Dual-Channel Supply Chain", *Electronic Commerce Research and Applications*, Vol. 22, 2017.

Yossi Aviv, and Amit Pazgal, "Optimal Pricing of Seasonal Products in the Presence of Forward-Looking Consumers", *Manufacturing & Service Operations Management*, Vol. 10, No. 3, 2008.

Yunchuan Liu, and Rajeev K. Tyagi, "The Benefits of Competitive Upward Channel Decentralization", *Management Science*, Vol. 57, No. 4, 2011.

Zhisong Chen, and Shong-Iee Ivan Su, "Photovoltaic Supply Chain Coordination with Strategic Consumers in China", *Renewable Energy*, Vol. 68, No. 7, 2014.

索　　引

博弈关系　6，12，16，27，28，33，34，68，69，71，145，148

补充产品信息　3，103 – 106，117，128，131，146

策略型消费者　1，5，11 – 14，16，26，27，29，68 – 70，85，88 – 90，93，94，96，99，100，101，102，144，146，148

差异化产品　142

产品价值评价　13，14，50，62，66，89，90，93，101，140，141

搭便车者　4，9，108，110，115 – 117，121，126，129，139，140，142，143，146，147

店铺服务　3，4，10，103 – 107，112，114，128，129，148

短视型消费者　11，12，14，68，87，93，99，146

多代理思想　6，20，22，27，28，31，145

多周期博弈　32

仿真建模　21，22

跟随者　32，37，40，58，71，97，113，132

供应链的整体绩效　3，18，68，69，84，87，89，90，93，94，96，99，101，146

供应链渠道管理　2，5，6，15，24，27，29，32，145

横向差异化　26，104 – 106，127，128，142，143，146

集中化管理　1，15，69，89

计算实验　6，19 – 34，40，42 – 44，47 – 48，55，56，59，62，64 – 66，68 – 72，75，77，81 – 83，85，95，97，98，101，105，127，131，132，134 – 136，143，145 – 147

季节性产品　5，8，11，26，68，101，144，146

交互作用　6，20，21，23，27，28，30，32，47，66，68，69，81，101，132

竞争市场　10，57，115，127

跨渠道搭便车行为　23，26，29，104，116

零售渠道　2，4，7-9，17-19，23，24，32-45，47，48，50，53，55，58，59，66，67，103-106，108，110-133，135-140，142，143，145-147

领导者　32，37，42，56，58，71，97，112，132，133

逆向归纳法　37，132

企业的运作管理　144

渠道结构　1，2，5，6，15，16，18，23，26-27，29，31，32，48-50，53，55-59，62-66，68-70，74，84，86，87，89，90，93-96，98，99，101，110，127，145-147

渠道需求　25，28，33，34，37，41-43，47，50，55，124-126，138，141

市场不确定性　5，23，25，29，31-33，37，44，47，53-55，59，60，62，64-66，145

市场营销　24，97，147

收益最大化　15，18，20，30，32，41，43，47，72，78，81，84，105，133

双边际效应　15，16，84，86-88，93，146

双渠道产品差异化策略　4，17，26，27，103，105，110，112，113，122，123，125-127，138-140，142，143，147

双渠道供应链　2-6，8-10，15-19，24-27，29，31，32，42，44，47-50，52，53，55-58，61-67，103-105，110-113，115，118，123，124，126，127，142，145-147

斯坦克伯格博弈　14，18，31-33，37，42，56，58，112，132，133

体验型产品　3，105

同质产品　6，125，126，140-142，145

网络渠道　2-11，15-19，23，24，26，29，31-37，

39，41－45，47－50，52，53，55－61，64，66，67，103－119，121，123，125－133，135－143，145－148

先动优势　37，38，42，133

消费者对网络渠道的接受程度　33，49－50，53，59

消费者行为　5－8，19，23，24，26，28，29，68，89，94，102，126，144

效用最大化　8，29，32，35，44，45，47，57，72，110，111，129，137，146

新进企业　57－59，61－63

学习规则　25，27，28，30，34，38－44，46，48，59，71，72，75，77－80，97，131，132，134，135

延迟购买行为　1，5，11，13，23，27，29，69，70，72，85－91，93，94，96，98，99，101，146，148

异质消费者群体　5，20，23，29，50，59，66，93，132，137，140

转移购买渠道　6，8

纵向差异化　26，104－106，127，128，140－143，146

纵向分散化　15，23，24，26，29，101，145

后　　记

　　传统的供应链管理领域的研究多是考虑消费者是否购买产品的决策，然而，现实情景中市场上的消费者越来越具有策略性，他们不仅考虑是否购买产品，而且考虑何时购买以及从什么渠道购买产品。市场中日益多样化的消费者行为将会影响供应链成员对市场需求的预测，进一步影响企业的决策和收益。因此，本书从消费者行为的视角出发，探究供应链渠道管理策略。

　　首先，通过市场不确定性，从外部整体地刻画出整个市场中所有消费者的多样化行为对需求的影响。然后，具体地刻画每一个消费者的多样化购买行为，包括从时间维度研究策略型消费者的延迟购买的行为、从空间维度研究消费者的跨渠道行为。同时，分别从横向和纵向的角度研究供应链渠道管理，揭示渠道结构纵向分散化规律，探究企业引入网络直销渠道的动机，进一步揭示双渠道供应链中产品差异化规律。

　　市场上的异质消费者群体，具有不同的产品偏好、购物成本等，消费者与消费者之间具有交互作用，他们的购买决策互相影响；供应链成员在做出决策时，需要充分考虑市场需求的变化、市场上不确定因素的冲击以及其他供应链成员的决策。对于这种复杂多变的系统环境，本书选择将计算实验方法和博弈论结合起来，作为模型的研究方法。

　　从消费者行为出发，本书将市场营销理论和企业的运作管理结合起来，运用博弈论和基于多代理思想的计算实验方法，研究多个供应链成员在多周期博弈中学习和最优化决策的过程，通过分析实验结果得到有意义的管理启示。

本书基于笔者在攻读博士学位期间完成的学位论文，在南京大学肖条军教授的指导下完成。另外，本书得到了国家社科基金博士论文出版项目评审专家的宝贵指导意见。在此表示衷心的感谢。

由于笔者水平有限，难免会有错误和纰漏，敬请批评指正。

田　晨

2019 年 12 月